독해력 비타민

기초편

40회로
완성하는
독해력

초등국어
6단계

독해의 중요성

글이란?

글을 잘 읽으려면 '글'이 무엇인지 정확히 알아야 합니다.

글은 중심 내용을 지닌 문단들이 모여 이루어집니다.

문단은 중심 문장과 뒷받침 문장이 조화롭게 이어져

탄생합니다.

문장은 여러 낱말이 어우러져 만들어집니다.

독해란?

독해란 글을 읽어 뜻을 이해하는 활동입니다.

낱말의 뜻을 정확히 알고, 문장의 의미와

문단의 중심 내용을 이해한 뒤, 문단 간의 관계를

밝혀내면 글을 제대로 이해할 수 있습니다.

독해의 중요성

수학, 과학처럼 독해와 전혀 상관없을 듯한 과목에도

독해는 무척 중요합니다. 책을 읽어 개념을 이해하거나

문제를 풀기 위해서는 글을 읽고 해석하는 능력이 필요합니다.

그뿐 아니라, 텔레비전을 보거나 물건을 고르는 것 같은

사소한 일을 위해서도 독해는 필요합니다.

독해는 어떻게 해야 할까?

독해의 방법

글을 읽고 문제를 풀 때에는 통독과 정독이 필요합니다.

통독을 통해, 글을 훑으며 전반적인 내용과 주제를 파악합니다.

그리고 정독하면서 글의 구조, 문단의 내용, 문단 간의 관계,

표현 속에 담겨 있는 속뜻 등을 알아봅니다.

사실적 독해와 비판적 독해

본문의 내용을 읽으며 그 안에 담긴 정보를 이해하는

독해 방법이 '사실적 독해'입니다.

'비판적 독해'는 글의 내용이나 구성을 파악하면서

앞뒤의 흐름이나 내용의 타당성 등을 비판하는 독해 방법입니다.

적극적 독해

독해에서 가장 중요한 것은 적극성입니다. 적극적인 자세로

글을 읽으며, 글의 종류를 알아보고, 구조를 파악하며,

각 문단의 중심 생각을 알아내면 겉으로 드러난 뜻뿐 아니라,

그 안에 감추어진 의미까지 알아낼 수 있습니다.

독해력 비타민 기초편 구성

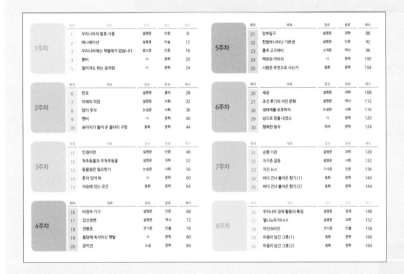

한 주에 5회씩 두 달 동안 학습하도록
40회로 구성하였습니다.

한 주차 안에도 비문학과 문학을
고루 배치하였습니다.
학습자가 다양한 글을 접할 수 있습니다.

5
추론

도자기를 만들 때와 도자기를 만들고 난 뒤의 아우의 마음 변화로 알맞은 것을 고르세요.

① 설렘 → 지루함   ② 기쁨 → 행복   ③ 기쁨 → 슬픔
④ 실망 → 기대   ⑤ 지루함 → 슬픔

문제의 출제 의도를 밝혀 두었습니다.
문제가 무엇을 묻는지 익히는 과정입니다.

틀린 문제 유형에 표시하세요.

☐ ☐ ☐ ☐ ☐ ☐
배경　제목　내용 파악　추론　적용　배경지식

틀린 문제 유형을 확인할 수 있습니다.

그것을 보고 자신의 강점과 약점을 파악하여,

자기 주도 학습을 할 수 있습니다.

어휘력 기르기　　　　　　　9 문제 가운데 (　　) 문제 맞힘

1단계　다음 낱말의 뜻을 찾아 줄로 이으세요.

(1) 허드렛일　•
(2) 자리끼　•
(3) 허송세월　•

　　　•　㉠ 하는 일 없이 세월만 헛되이 보냄.
　　　•　㉡ 중요하지 않고 허름한 일.
　　　•　㉢ 밤에 자다가 깨었을 때에 마시려고 머리 주변에 떠 놓는 물.

2단계　위에서 배운 낱말을 빈칸에 넣어 문장을 완성하세요.

(1) 아무 일도 하지 않고 [　　　　　　]을 하던 삼촌께서 작가가 되기로 결심하셨다.

(2) 할아버지께서 주무시다 갈증이 나셔는지 [　　　　　　]를 찾으셨다.

(3) 형은 농사짓는 부모님을 돕기 위해 [　　　　　　]도 마다하지 않았다.

3단계　밑줄 친 '가마'에 알맞은 그림을 찾아 기호를 쓰세요.

㉠　　　　㉡　　　　㉢

(1) 옛날에 양반집 여성들은 외출할 때에 가마를 타고 다녔다.　　　(　　)

(2) 도공은 그릇이 구워질 때까지 가마를 떠나지 않았다.　　　(　　)
　•도공: 도자기 등의 그릇을 만드는 사람.

(3) 머리에 가마가 두 개 있는 것을 쌍가마라고 한다.　　　(　　)

본문에 쓰인 낱말이나 문법을 재학습합니다.

39회　　틀린 문제 유형에 표시하세요.
☐　☐☐☐　☐　☐
인물　내용 파악　표현　추론

앞부분의 내용: 전쟁이 났을 때, **자기장이**인 아버지께서 일본으로 끌려가신 뒤, 얼마 지나지 않아 어머니마저 돌아가셨습니다. 그 후, 맏이인 형은 다섯 남매의 부모 역할을 하며 생계를 책임졌습니다. 여동생 셋을 시집 보내는 동안 형은 이름 난 자기장이가 되었습니다. 아우도 형 밑에서 일을 도왔습니다. 그런데 형은 **내로라하는** 자기장이가 되었으면서 아우에게는 **허드렛일**만 시켰습니다. 아우는 그것이 무척 섭섭하였습니다. 그래서 고향을 떠나 장사를 할 생각까지 하기에 이르렀습니다.

벌떡 일어나 앉은 아우가 **자리끼**를 벌컥벌컥 들이켰습니다. 그 좋은 기술을 가지고도 돈벌이도 제대로 못 하는 형입니다. 그런 형 밑에 있어 봤자 백 날 천 날 마찬가지일 것입니다.
　트집을 잡자면 **꼬장꼬장한** 성격도 마음에 들지 않습니다. 기껏 **재벌구이**까지 끝내고 나면, 가마가 식기를 기다려 끄집어낸 그릇들을 요모조모 뜯어보다가 팽그랑팽그랑 깨뜨려 버리기 때문입니다.
　애쓰고 만든 그릇을 왜 깨뜨리냐고 하면 형의 대답은 언제나 똑같았습니다.
　"마음이 담기지 않았어."
　'그릇에 마음이 담겨? 아유, 말이 되는 소리를 해야지.'
　아우는 **고지식하고 융통성** 없는 형 밑에서 이제 더 이상 **허송세월**을 하지 않을 작정입니다.
　'오늘 밤엔 꼭 담판을 지어야지, 기술을 가르쳐 주든가, 그동안 일한 품삯 대신 장사 밑천을 대 주든가 하라고……'
　아우는 큰맘 먹고 가마 앞으로 갔습니다.
　형은 여전히 불꽃을 바라보고 앉아 있었습니다. 형의 뒷모습은 바윗덩이나 다름없었습니다.
　아우는 바윗덩이 앞에서는 말도 못 붙여 보고 그만 힘없이 돌아섰습니다.
　애꿎은 돌멩이만 **발매질**을 했을 뿐, 가슴속의 **응어리**는 풀어 보지도 못했습니다.
　늘 그래 왔습니다. 형 앞에서는 자기도 모르게 **주눅**이 들고 말 한마디 제대로 할 수 없어, ㉠ 처럼 기를 펴지 못했습니다.
　자기가 형의 눈치를 보게 된 것도 순전히 형의 탓이었습니다. 엄하게 대할 뿐 틈을 주지 않으니 형님 아우 사이에 농담 한 번 주고받은 일도 없습니다. 사사건건 트집 잡고 나무라니 형님이 아니라 호랑이

가능한 한 문학 작품의 전문을 실으려 노력하였습니다.

전문을 실을 수 없는 글은 학습자의 이해를 돕기 위해

앞뒤 내용을 요약하여 담았습니다.

차 례

2006년, 미국의 건강 전문 **월간지** 〈헬스〉가 선정한 세계 5대 건강식품에 우리나라의 김치, 일본의 낫토, 그리스의 요구르트가 포함되었습니다. 이 세 음식의 공통점은 무엇일까요? 모두 '발효 식품'이라는 점입니다.

발효는 **효모**나 세균 같은 **미생물**이 **유기물**을 분해하여 독특한 향과 맛이 나는 새로운 성분을 만들어내는 작용입니다. **부패** 역시 미생물에 의한 유기물 분해 작용입니다. 그런데 이 둘은 차이가 있습니다. 분해 결과 사람에게 유용한 물질이 만들어지는 것이 '발효', 해로운 물질이 만들어지는 것은 '부패'입니다.

발효 과정을 거치면, 음식은 맛과 향이 강해지고, 오래 보관할 수 있게 됩니다. 또 영양소가 분해되어 소화하기 쉬운 상태가 되며, 우리 몸에 유익한 균이 늘어납니다.

우리나라의 발효 식품에는 김치류, 장류, 젓갈류 등이 있습니다. 김치는 채소에 양념을 섞어 만든 음식입니다. 김치의 발효는 소금, 고춧가루 등의 양념과 관련 있습니다. 소금은 유해균의 침입과 번식을 막아서 김치가 썩지 않게 하고, 고춧가루는 **유산균**이 잘 자라게 하여 발효에 도움을 줍니다. 김치의 발효 과정에서 생성된 유산균은 **면역력**을 높일 뿐 아니라 소화를 돕고 장을 깨끗하게 해 줍니다.

장은 한식의 기초 양념입니다. 주로 콩을 발효시켜 만듭니다. 대표 장류에는 된장, 청국장, 간장 등이 있습니다. 된장은 메주로 만듭니다. 메주를 만들 때에 볏짚을 사용하는데, 이때 볏짚에 있던 고초균(세균의 한 종류)이 메주에 옮겨 와 메주를 발효시킵니다. 메주가 발효되면 된장 맛은 더 깊고 구수해집니다. 발효 과정에서 생성된 균은 성인병을 막아 주고 **항암** 작용을 합니다.

젓갈은 **수산물**을 발효시켜 만든 음식입니다. 새우, 굴, 조개, 멸치나 생선의 내장, 알, 아가미 등을 소금에 절여 2~6개월 동안 **숙성**시켜 만듭니다. 이 과정에서 독특한 맛이 생기며, 소화되기 좋게 변합니다. 젓갈은 칼슘과 비타민 등이 풍부하고, **염도**가 높아 **저장성**이 좋습니다.

발효 식품에는 조상의 슬기와 지혜가 담겨 있습니다. 발효 식품은 사람들이 건강을 유지할 수 있도록 돕는 훌륭한 영양 공급원입니다.

월간지 한 달에 한 번씩 발행하는 잡지. 月 달 월 刊 펴낼 간 誌 기록 지   **효모** 술이나 빵을 만드는 데에 쓰이는 균. 酵 삭힐 효 母 근본 모   **미생물** 눈으로는 볼 수 없는 아주 작은 생물. 微 작을 미 生 살 생 物 물건 물   **유기물** 생명체를 이루며, 그 안에서 생명력에 의해 만들어지는 물질. 有 있을 유 機 틀 기 物 물건 물

부패 미생물이 유기물을 분해하면서 해로운 물질과 악취 등을 만들어 내는 작용. 腐 썩을 부 敗 썩을 패 **유산균** 당류(물에 잘 녹으며 단맛이 있는 탄수화물)를 분해하여 젖산을 만드는 균. 乳 젖 유 酸 실 산 菌 균 균 **면역력** 몸 밖에서 들어온 병균을 이겨 내는 몸의 힘. 免 면할 면 疫 전염병 역 力 힘 력 **항암** 암세포가 늘어나는 것을 막거나 암세포를 죽임. 抗 막을 항 癌 암 암 **수산물** 바다, 강 같은 물에서 얻는 것. 水 물 수 産 생산할 산 物 물건 물 **숙성** 발효된 것이 잘 익음. 熟 익을 숙 成 이룰 성 **염도** 소금기의 정도. 鹽 소금 염 度 정도 도 **저장성** 오래 보관해도 상하지 않는 성질. 貯 담을 저 藏 묻을 장 性 성질 성

---

1 무엇에 대해 쓴 글인가요?

주제

① 세균의 종류.

② 발효 식품의 유래.

③ 우리나라의 발효 식품.

④ 세계 5대 건강식품.

⑤ 우리나라의 전통 음식.

2 이와 같은 글을 쓰는 방법이 <u>아닌</u> 것을 고르세요.

글의
종류

① 객관적인 입장에서 쓴다.

② 사실을 바탕으로 표현한다.

③ 근거를 들어 자신의 주장을 나타낸다.

④ 읽는 사람이 이해하기 쉽게 쓴다.

⑤ 사람들이 궁금해할 만한 것을 글감으로 삼아 작성한다.

3 다음 설명이 뜻하는 낱말을 앞 글에서 찾아 쓰세요.

어휘

(1) 미생물이 유기물을 분해하여 사람에게 유용한 물질을 만드는 작용.

(2) 미생물이 유기물을 분해하여 사람에게 해로운 물질을 만드는 작용.

4 이 글에서 알 수 <u>없는</u> 내용은 무엇인가요?

내용
파악

① 발효의 뜻.

② 발효 식품의 단점.

③ 발효와 부패의 차이.

④ 우리나라 발효 음식의 종류.

⑤ 젓갈의 효능.

5 김치에 관한 설명으로 <u>틀린</u> 것을 고르세요.

내용
파악

① 발효 식품이다.　　　　　　　　　② 장을 깨끗하게 해 준다.

③ 면역력을 높여 준다.　　　　　　　④ 김치에 넣은 소금은 유해균을 번식시킨다.

⑤ 2006년 〈헬스〉가 선정한 세계 5대 건강식품에 포함되었다.

6 이 글과 일치하는 내용은 무엇인가요?

내용
파악

① 음식이 발효되면서 유익한 균이 늘어난다.

② 된장은 쌀을 발효해서 만든 식품이다.

③ 음식물이 발효될 때 영양분이 사라진다.

④ 음식물이 발효 과정을 거치면 저장성이 떨어진다.

⑤ 우리나라 발효 식품에는 김치류, 전류, 나물류 등이 있다.

7 아래에서 설명하는 발효 식품은 무엇인가요?

배경
지식

> 우유를 발효시켜 만든 식품이다. 이 식품의 이름은 튀르키예(옛 터키) 말로 '신맛 나는 우유'라는
> 낱말에서 유래했다. 장을 깨끗하게 해 주고, 변비나 설사를 예방하며, 면역에 도움을 준다.

① 치즈　　　　　　　② 버터　　　　　　　③ 식초

④ 아이스크림　　　　⑤ 요구르트

1단계　다음 낱말의 뜻을 찾아 줄로 이으세요.

(1) 면역력　●

(2) 숙성　●

(3) 염도　●

●　㉠ 발효된 것이 잘 익음.

●　㉡ 몸 밖에서 들어온 병균을 이겨 내는 몸의 힘.

●　㉢ 소금기의 정도.

2단계　위에서 배운 낱말을 빈칸에 넣어 문장을 완성하세요.

(1) 우리 식구들은 [　　　　　　] 이 잘 된 김치를 좋아한다.

(2) 운동은 [　　　　　　] 을 키우는 데에 도움이 된다.

(3) 빙하가 녹아 주변 바다의 [　　　　　　] 가 낮아졌다.

3단계　뜻풀이를 읽고, 빈칸에 알맞은 낱말을 넣어 십자말풀이를 하세요.

(1) 물고기의 호흡 기관.

(2) 눈으로 볼 수 없는 아주 작은 생물.

(3) 바다, 강 같은 물에서 얻는 것.

(1)		(2)
(3)		

[가] 애니메이션은 움직이지 않는 물체를 살아 움직이는 것처럼 촬영한 영화나 그런 영화를 만드는 기술을 말합니다. 애니메이션에서 **캐릭터**가 움직이는 것처럼 느껴지는 까닭은 '**잔상 효과**' 때문 입니다. 잔상 효과란, 보고 있던 이미지가 사라져도 잠시 그 이미지가 남아 있는 것처럼 느끼는 **착시** 현상입니다. 따로따로 그린 그림을 연속해서 겹쳐 보면 잔상 위에 다음 그림이 얹히면서 캐릭터나 배경이 움직인다는 착각을 일으킵니다. 예를 들어, 캐릭터가 달리는 모습에 조금씩 변화를 주어 그린 그림을 겹쳐서 빠른 속도로 넘기면 그림 속 캐릭터가 실제로 달리는 것처럼 보입니다. 애니메이션은 이러한 '잔상 효과' 원리를 이용합니다. 여기에 소재, 기법, 제작 방법 등을 더해 다양한 애니메이션을 만들고 있습니다.

[나] 셀 애니메이션은, 투명한 셀(셀룰로이드 투명지) 위에 캐릭터의 연속적인 움직임을 그린 다음, 미리 그려 둔 배경 위에 겹쳐 놓고 한 장면씩 촬영한 뒤에 연속으로 **재생**하여 움직임을 나타내는 기법입니다. 투명한 셀 위에 그림을 그리면 밑에 깔린 배경이 그대로 비치기 때문에 캐릭터의 동작만 바꾸어 가며 여러 상황을 연출할 수 있습니다.

[다] **점토** 애니메이션은 점토 등으로 인형을 만들어 촬영하는 기법입니다. 클레이 애니메이션이라고도 합니다. 철사로 된 뼈대에 점토를 붙여 인형을 만들고, 미리 제작된 배경이나 세트에서 인형을 조금씩 움직여 가며 촬영합니다. 그런 다음, 장면을 연결하여 재생하면 인형이 움직이는 것처럼 보입니다. 점토는 **유연성**이 뛰어나 캐릭터의 움직임을 자연스럽고 사실적으로 보이게 하는 장점이 있습니다. 하지만 비용이 많이 들고 제작 기간이 오래 걸리는 것이 단점입니다.

[라] **삼차원** 애니메이션은 컴퓨터로 만든 공간에서 캐릭터가 움직이는 것을 **녹화**하여 **편집**하는 기법입니다. 삼차원 애니메이션에서는 **컴퓨터 그래픽**으로 삼차원 **가상** 공간을 만든 뒤 캐릭터에 **입체감**을 입힙니다. 삼차원 애니메이션은 컴퓨터를 이용하여 작업하기 때문에 똑같은 배경이나 물체 등을 복사해서 사용할 수 있고, 수정이 간편합니다.

[마] 이 외에도 실제 사람이 나오는 영화와 애니메이션 영상을 결합한 합성 애니메이션, 종이나 천 등을 오려서 만든 것을 움직여 가면서 촬영하는 컷아웃 애니메이션 등이 있습니다.

[바] 과학 기술이 발달하면서 제작 기법과 표현법이 다양해져 애니메이션은 계속 진화하고 있습니

다. 더불어 음악, 캐릭터 산업, 게임 등의 문화 산업과 연계되며 경제적 가치가 높아지고 있습니다.

캐릭터 소설이나 만화 등에 등장하는 인물. character **잔상** 보이던 대상이 사라진 뒤에도 잠시 시각에 남은 모습. 殘 남을 잔 像 모양 상 **착시** 주변의 영향으로 사물을 실제와 다르게 보는 시각적인 착각 현상. 錯 어긋날 착 視 볼 시 **재생** 녹음이나 녹화한 것을 다시 들려주거나 보여 줌. 再 다시 재 生 살 생 **점토** 작은 알갱이로 이루어진 부드럽고 끈기가 많은 흙. 粘 끈끈할 점 土 흙 토 **유연성** 부드러운 성질. 柔 부드러울 유 軟 연할 연 性 성질 성 **삼차원** 공간이 상하, 좌우, 전후의 세 방향으로 이루어져 있음을 나타내는 말. 三 셋 삼 次 장소 차 元 근본 원 **녹화** 실제 장면을 나중에 다시 볼 수 있게 기계를 이용해 필름, 테이프 등에 담아 두는 것. 錄 기록할 녹 畵 그림 화 **편집** 여러 재료를 모아 책, 신문, 잡지 등을 만드는 일. 또는 영화 필름이나 문서 등을 작품으로 완성하는 일. 編 엮을 편 輯 모을 집 **컴퓨터 그래픽** 컴퓨터를 이용해 그림을 그리는 방법. computer graphic **가상** 사실이 아닌 것을 사실이라고 생각함. 假 거짓 가 想 생각 상 **입체감** 삼차원의 공간적 부피를 가진 물체를 보는 것 같은 느낌. 立 설 입 體 몸 체 感 느낄 감

---

1 이 글의 중심 내용은 무엇인가요?

① 애니메이션의 역사.   ② 애니메이션의 뜻과 종류.

③ 애니메이션의 장점과 단점.   ④ 애니메이션의 발전 과정.

⑤ 애니메이션의 문화적 가치.

2 애니메이션에 대한 설명으로 <u>틀린</u> 것을 고르세요.

① 애니메이션 제작 방법은 다양하다.

② 착시 현상을 이용하여 애니메이션을 만든다.

③ 과학 기술이 발달하면서 애니메이션 산업은 쇠퇴하고 있다.

④ 애니메이션은 다양한 문화 산업과 연계되며 경제적 가치가 높아지고 있다.

⑤ 애니메이션은 움직이지 않는 물체를 살아 움직이는 것처럼 촬영한 영화나 그 기술을 뜻한다.

3 보고 있던 이미지가 사라져도 잠시 그 이미지가 남아 있는 것처럼 느끼는 착시 현상을 무엇이라고 하나요?

[   ] 효과

4 주로 배경은 그대로 두고 캐릭터만 움직이도록 하는 애니메이션 기법입니다. 투명 필름 위에 캐릭터를 그리고 색칠을 한 뒤 배경 위에 놓고 촬영하는 이 애니메이션은 무엇인가요?

내용
파악

① 셀 애니메이션   ② 점토 애니메이션

③ 컷아웃 애니메이션   ④ 삼차원 애니메이션

⑤ 클레이 애니메이션

5 '나비의 한 살이' 과정을 점토 애니메이션으로 만들려고 합니다. 어울리지 않는 이야기를 한 사람은 누구인가요?

내용
파악

① 서인: 우선 점토로 나비 인형을 만들어야 해.

② 장원: 나비 인형의 모습을 바꿔 가며 찍어야 할 것 같아.

③ 승현: 나비의 일생을 일일이 그려야 하니 그림을 잘 그려야 해.

④ 정미: 점토 애니메이션을 완성하려면 시간이 꽤 오래 걸려.

⑤ 세찬: 촬영한 장면을 연결하여 재생하면 나비가 날아가는 것처럼 보일 거야.

6 다음 내용과 어울리는 문단을 고르세요.

내용
파악

> 오늘날 가장 많이 사용되는 애니메이션 기법이다. 손으로 직접 그리는 것보다 사실적이고 입체적인 느낌을 준다. 카메라, 조명, 세트 등이 없이 가상 공간에서 캐릭터와 배경이 나타나며, 현실에서 존재하지 않는 특수한 표현을 만들어 낼 수 있다.

① [가]   ② [나]   ③ [다]

④ [라]   ⑤ [마]   ⑥ [바]

7 애니메이션에서 캐릭터의 움직임을 그리는 사람을 무엇이라 부를까요?

배경
지식

① 포토그래퍼   ② 도슨트   ③ 큐레이터

④ 일러스트레이터   ⑤ 애니메이터

어휘력 기르기

1단계 다음 낱말의 뜻을 찾아 줄로 이으세요.

(1) 잔상　　●

(2) 착시　　●

(3) 입체감　●

●　㉠ 삼차원의 공간적 부피를 가진 물체를 보는 것 같은 느낌.

●　㉡ 보이던 대상이 사라진 뒤에도 잠시 시각에 남은 모습.

●　㉢ 주변의 영향으로 사물을 실제와 다르게 보는 시각적인 착각 현상.

2단계 위에서 배운 낱말을 빈칸에 넣어 문장을 완성하세요.

(1) 사람 그림에 그림자를 넣으니 [   ] 이 든다.

(2) 촛불을 보다가 눈을 감아도 [   ] 이 어른거린다.

(3) 세로 줄무늬 옷은 키가 크게 보이는 [   ] 현상을 일으킨다.

3단계 밑줄 친 낱말의 뜻을 찾아 번호를 쓰세요.

| 재생 | ① 녹음이나 녹화한 것을 다시 들려주거나 보여 줌. |
| | ② 낡거나 못 쓰게 된 것을 손질해 다시 쓰게 함. |

(1) 컴퓨터가 고장 나서 영상을 <u>재생</u>할 수 없었다.　　　　　　(   )

(2) <u>재생</u>이 가능한 물건은 분류 배출해야 한다.　　　　　　　(   )

우리나라에는
책벌레가 없습니다.

우리나라 성인남녀 월평균 독서량 0.8권!
이런 저런 핑계로 책을 멀리하고 있습니다.

바쁘다는 핑계로, 귀찮다는 이유로 우리나라는
어느새 한 달에 책 한 권도 채 읽지 않는 나라가 되었습니다.
그러나 책은 시간 날 때 읽는 것이 아니라 시간을 내서 읽는 것!
다시 책벌레로 돌아갑시다!

책을 읽으면 행복합니다.

kobaco 한국방송광고공사
공익광고협의회

책벌레 책을 아주 많이 보는 사람을 비유적으로 이르는 말.   월평균 한 달을 단위로 하여 내는 평균. 月
달 월 주 평평할 평 均 고를 균   핑계 어떤 일이나 생각을 옳은 것처럼 보이기 위해 내세우는 구실.

1

글의
종류

다음은 어떤 광고에 대한 설명인가요?

> 기업이나 단체가 공공의 이익을 목적으로 만든 광고다. 일반적인 광고와는 달리, 국가와
> 국민 모두의 이익을 위해 만든다. 자원 절약, 화재 예방, 건전한 소비, 환경 보호 등을 주제
> 로 삼는다.

① 기업 광고   ② 정치 광고

③ 상품 광고   ④ 공익 광고

⑤ 구인 광고

2

주제

다음 중 이 광고에서 말하고자 하는 내용은 무엇일까요?

① 책을 읽읍시다.

② 책벌레를 보호합시다.

③ 책벌레를 없애려고 노력합시다.

④ 책을 소중하게 다룹시다.

⑤ 책을 많이 삽시다.

3

내용
파악

이 광고의 내용과 <u>다른</u> 것을 고르세요.

① 책을 읽으면 행복하다.

② 책은 시간이 날 때 읽어야 한다.

③ 시간을 내어 책을 읽어야 한다.

④ 사람들은 바쁘다는 핑계로 책을 멀리하고 있다.

⑤ 우리나라 성인은 책을 한 달에 평균 한 권도 읽지 않는다.

4 '우리나라에는 책벌레가 없습니다'가 뜻하는 내용으로 적절한 것을 고르세요.

추론

① 환경 오염으로 우리나라에서 책벌레가 멸종되었다.

② 우리나라에는 책을 훼손하는 사람이 없다.

③ 우리나라에는 책을 만드는 사람이 없다.

④ 우리나라에는 책을 훔치는 사람이 없다.

⑤ 우리나라에는 '책벌레'라고 불릴 만큼 책을 많이 읽는 사람이 없다.

5 이 광고에서 '책을 읽으면 행복합니다'라고 말한 까닭으로 적절하지 <u>않은</u> 것을 고르세요.

추론

① 지식을 얻을 수 있어서.　　　　② 몸이 건강해지므로.

③ 생각하는 힘을 기를 수 있어서.　　④ 재미와 감동을 얻을 수 있어서.

⑤ 표현력과 어휘력을 기를 수 있어서.

6 다음 중 광고를 만들 때에 신경 쓰지 <u>않아도</u> 될 것을 고르세요.

추론

① 사람들의 눈에 한 번 띄고 바로 잊힐 수 있게 제작한다.

② 중요한 말은 반복하여 강조한다.

③ 누구나 이해하기 쉽고 공감할 수 있는 내용으로 만든다.

④ 내용을 효과적으로 전달하기 위하여 비유법을 사용하기도 한다.

⑤ 동영상으로 만들 때에는 그림, 사진, 소리 등을 효과적으로 사용하여 주제가 잘 드러나게 한다.

7 다음 중 이 광고가 가장 필요한 사람은 누구일까요?

적용

① 날마다 30분씩 책을 읽는 정현.

② 쉬는 시간 틈틈이 전자책을 보는 성윤.

③ 일주일에 한 권씩 학습 만화를 보는 영주.

④ 날마다 숙제를 마치고는 게임만 열심히 하는 현아.

⑤ 한 달에 열 권씩 책을 읽으려고 계획한 진혁.

어휘력 기르기

1단계 다음 낱말의 뜻을 찾아 줄로 이으세요.

(1) 책벌레 •

(2) 월평균 •

(3) 핑계 •

• ㉠ 한 달을 단위로 하여 내는 평균.

• ㉡ 어떤 일이나 생각을 옳은 것처럼 보이기 위해 내세우는 구실.

• ㉢ 책을 아주 많이 보는 사람을 비유적으로 이르는 말.

2단계 위에서 배운 낱말을 빈칸에 넣어 문장을 완성하세요.

(1) 정문이는 배가 아프다는 [   ] 로 학원에 가지 않았다.

(2) 틈만 나면 책을 읽는 재헌이의 별명은 [   ] 이다.

(3) 희수가 지난해 읽은 책은 총 36권으로, [   ] 3권이다.

3단계 다음 설명을 읽고, 알맞은 낱말에 동그라미 하세요.

量
헤아릴 (량)(양)

량: 한자어 뒤에 쓴다.

양: 고유어나 외래어 뒤에 쓴다.

(1) 슈퍼컴퓨터가 1초에 처리하는 (데이터양 / 데이터량)은 어마어마하다.

(2) 형은 체중 조절을 위해 (식사양 / 식사량)을 줄였다.

(3) 가을에는 (구름양 / 구름량)이 적고 선선한 날이 많다.

봄비

심후섭

해님만큼이나
큰 **은혜**로
내리는 **교향악**

이 세상
모든 것이 다
악기가 된다.

달빛 내리던 지붕은
두둑 두드둑
큰북이 되고

아기 손 씻던
세숫대야 바닥은

도당도당 도당당
㉠ 작은북이 된다.

앞마을 냇가에선
퐁퐁 포옹 퐁
뒷마을 연못에선
풍풍 푸웅 풍

외양간 엄마 소도 함께
댕그랑댕그랑

엄마 치마 주름처럼
산들 나부끼며
왈츠

㉡ 봄의 왈츠
하루 종일 연주한다.

은혜 고맙게 베풀어 주는 도움. 恩 은혜 은 惠 은혜 혜　**교향악** 관악기, 타악기, 현악기 등으로 함께 연주하기 위하여 만든 음악. 交 사귈 교 響 악기 향 樂 음악 악　**세숫대야** 세숫물을 담는 둥글넓적한 그릇.　**댕그랑댕그랑** 작은 쇠붙이, 방울, 종 등이 잇따라 흔들리거나 부딪칠 때 나는 소리.　**산들** 사늘한 바람이 가볍고 보드랍게 부는 모양.　**나부끼며** 천, 종이, 머리카락 따위의 가벼운 물체가 바람을 받아서 가볍게 흔들리며.　**왈츠** 3박자의 경쾌한 춤곡. 또는 그에 맞추어 남녀가 한 쌍이 되어 원을 그리며 추는 춤. waltz

1 이 시에서 행이 가장 많은 연은 몇 연인가요?

구조

[ ] 연

2 이 시에서 악기로 표현된 소재와 그것이 비를 맞아 내는 소리가 <u>잘못</u> 연결된 것을 고르세요.

내용
파악

① 지붕 - 두둑 두드둑

② 세숫대야 바닥 - 도당도당 도당당

③ 앞마을 냇가 - 풍풍 포옹 풍

④ 뒷마을 연못 - 풍풍 푸웅 풍

⑤ 외양간 엄마 소 - 쨍그랑쨍그랑

3 ㉠의 의미로 가장 적절한 것을 고르세요.

추론

① 세숫대야 바닥은 지붕보다 크기가 작다.

② 세숫대야 바닥에 비가 내리면 지붕에서 울리는 소리보다 작은 소리가 난다.

③ 세숫대야 바닥은 아기가 손을 씻기엔 너무 작다.

④ 세숫대야 바닥은 북보다 작은 소리를 낸다.

⑤ 세숫대야 바닥은 지붕보다 요란한 소리를 낸다.

4 ㉡의 의미로 가장 적절한 것을 고르세요.

추론

① 봄바람이 산들산들 분다.

② 봄꽃이 들에 잔뜩 피었다.

③ 봄비가 온종일 내린다.

④ 사람들이 한데 모여 왈츠를 연주한다.

⑤ 사람들이 한데 모여 왈츠를 춘다.

5

내용
파악

이 시에서 봄비가 만들어 내는 소리를 무엇으로 나타내었나요?

① 해님 　　　　　② 교향악 　　　　　③ 아기

④ 큰북 　　　　　⑤ 달빛

6

감상

이 시를 읽고 떠오르는 모습을 고르세요.

① 　　　　②

③ 　　　　④

7

표현

이 시의 표현상 특징으로 옳은 것을 고르세요.

① 행과 연을 나누지 않았다.

② 비유를 사용하여 실감 나게 표현하였다.

③ 오감(시각, 청각, 후각, 미각, 촉각) 가운데 촉각이 가장 두드러진다.

④ 다양한 사자성어가 등장하여 시를 읽는 사람의 흥미를 불러일으키고 있다.

⑤ 대화를 주고받듯이 표현하였다.

어휘력 기르기

1단계 다음 낱말들의 뜻을 바르게 이으세요.

(1) 은혜 •

(2) 세숫대야 •

(3) 교향악 •

• ㉠ 고맙게 베풀어 주는 도움.

• ㉡ 세숫물을 담는 둥글넓적한 그릇.

• ㉢ 관악기, 타악기, 현악기 등으로 함께 연주하기 위하여 만든 음악.

2단계 다음 문장의 빈칸에 알맞은 낱말을 위에서 찾아 쓰세요.

(1) 형은 [   ] 에 물을 받아 얼굴을 씻었다.

(2) [   ] 연주를 보니 바이올린을 배우고 싶어졌다.

(3) 나는 부모님께서 베풀어 주신 [   ] 를 절대 잊지 않을 것이다.

3단계 다음 설명을 읽고 밑줄 친 낱말의 뜻을 찾아 번호를 쓰세요.

> **씻다**
> ① 물이나 휴지 따위로 때나 더러운 것을 없게 하다.
> ② 누명, 오해 따위에서 벗어나 다른 사람 앞에서 떳떳한 상태가 되다.

(1) 밥을 먹기 전에 손부터 깨끗이 <u>씻어</u>라.   (   )

(2) 그는 재판을 통하여 누명을 <u>씻</u>을 수 있었다.   (   )

떨어져도 튀는 공처럼

정현종

그래 살아 봐야지
너도 나도 공이 되어
떨어져도 튀는 공이 되어

살아 봐야지
㉠ 쓰러지는 법이 없는 둥근
공처럼, **탄력**의 나라의
왕자처럼

가볍게 떠올라야지
곧 움직일 준비 되어 있는 **꼴**
둥근 공이 되어

옳지 **최선**의 꼴
지금의 네 모습처럼
떨어져도 튀어 오르는 공
쓰러지는 법이 없는 공이 되어.

탄력 용수철처럼 튀거나 팽팽하게 버티는 힘. 彈 튀길 탄 力 힘 력   **꼴** 겉으로 보이는 사물의 모양.   **최선** 가장 좋고 훌륭함. 最 가장 최 善 좋을 선

1 이 시의 중심 소재를 고르세요.

핵심어
① 왕자   ② 나라   ③ 꼴

④ 공   ⑤ 탄력

2 이 시에서 느껴지는 분위기와 어울리지 <u>않는</u> 낱말을 고르세요.

감상
① 희망   ② 긍정   ③ 의지

④ 열정   ⑤ 좌절

3 이 시 속 공의 특징이 <u>아닌</u> 것을 고르세요.

내용
파악
① 떨어져도 튀어 오른다.

② 쓰러지지 않는다.

③ 둥글다.

④ 움직일 준비가 되어 있다.

⑤ 꼴과 색깔이 변한다.

4 ㉠이 뜻하는 삶으로 가장 적절한 것을 고르세요.

추론
① 편하고 쉬운 일만 하는 삶.

② 힘들어도 포기하지 않는 삶.

③ 남을 위해 베푸는 삶.

④ 어렵고 힘든 일에 도전하는 삶.

⑤ 다른 사람과 싸우지 않고 착하게 사는 삶.

5 이 시에 대한 설명으로 <u>틀린</u> 것을 고르세요.

표현

① 4연 14행으로 구성되어 있다.

② 1·3연은 3행, 2·4연은 4행으로 이루어졌다.

③ '봐야지', '되어'를 반복하였다.

④ 모양을 흉내 내는 말을 사용하여 주제를 자세히 나타내었다.

⑤ 말하는 이가 추구하는 삶의 모습을 공에 빗대어 표현하였다.

6 다음 설명의 빈칸에 들어갈 표현법을 고르세요.

배경
지식

> 어떤 현상이나 사물을 비슷한 현상이나 사물에 빗대어 나타내는 것을 '비유'라고 한다. 비유법 가운데, 비슷한 성질이나 모양을 가진 두 사물을 '같이', '처럼', '듯이' 같은 말로 직접 비유하는 방법을 [   ]이라고 한다.
>
> 예 살아 봐야지 / 쓰러지는 법이 없는 둥근 / 공<u>처럼</u>, 탄력의 나라의 / 왕자<u>처럼</u>

① 직유법   ② 반어법   ③ 역설법

④ 의인법   ⑤ 도치법

7 이 시와 어울리지 <u>않는</u> 감상을 말한 친구는 누구인가요?

감상

① 문준: 앞으로 힘든 일이 닥쳐도 희망을 잃지 않을 거야.

② 민규: 말하는 이의 굳은 의지가 느껴져.

③ 태미: 수학 문제를 계속 틀려 힘들었지만 좌절하지 않고 문제를 풀다 보니 원리를 알게 되었어.

④ 원호: 동생이 가지고 노는 오뚝이가 이 시의 공과 비슷하다고 생각했어.

⑤ 기주: 떨어져도 튀는 공처럼 살겠다고 하니 말하는 이는 떨어지는 것도 좋아할 것 같아.

* **오뚝이**: 밑을 무겁게 하여 아무렇게나 굴려도 오뚝오뚝 일어서는 어린아이들의 장난감.

어휘력 기르기

1단계 다음 낱말들의 뜻을 바르게 이으세요.

(1) 탄력 •   • ㉠ 가장 좋고 훌륭함.

(2) 꼴 •   • ㉡ 겉으로 보이는 사물의 모양.

(3) 최선 •   • ㉢ 용수철처럼 튀거나 팽팽하게 버티는 힘.

2단계 다음 문장의 빈칸에 알맞은 낱말을 위에서 찾아 쓰세요.

(1) 공기가 빠지니 공은 [   ] 이 줄어들었다.

(2) 몸이 아플 때에는 휴식을 취하는 게 [   ] 이다.

(3) 이순신 동상이 서서히 그 [   ] 을 갖추어 간다.

3단계 다음 설명을 읽고 알맞은 낱말을 예에서 골라 쓰세요.

> 力
> 힘 (력) | '능력' 또는 '힘'의 뜻.
>   예 생활력, 군사력, 중력, 부력

(1) 적군의 침입에 대비하여 (   )을 강화해야 한다.

(2) 물건이 위에서 아래로 떨어지는 것은 지구의 (   ) 때문이다.

민요는 **민중** 사이에서 불려 오는 전통 노래입니다. 대부분 특정한 창작자 없이 민중에 의해 만들어져 입에서 입으로 전해져 오고 있습니다. 민요 가사에는 민중의 소박한 생활이 3**음보** 또는 4음보의 **율격** 안에 담겨 있습니다.

민요는 크게 '**통속** 민요'와 '**토속** 민요'로 나뉩니다. ㉠ 통속 민요는 전문 소리꾼들이 여러 지역을 다니며 불러서 전국적으로 알려진 노래입니다. 음악적 형식이 잘 갖추어져 있으며 세련되고 화려합니다. 반면, 토속 민요는 민중이 자신들이 사는 지역에서 만들어 불렀습니다. 음악적 형식은 단순하고 소박하며, 내용은 일상적인 삶과 관련이 많습니다. 일과 관련한 노동요가 큰 비중을 차지합니다.

무엇을 할 때 불렀느냐에 따라서는 노동요, 유희요, 의식요로 나뉩니다. 노동요는 일할 때 흥을 돋우기 위해 부르는 노래로, 〈모심기 소리〉, 〈멸치 잡는 소리〉 등이 있습니다. 유희요는 놀이를 하면서 부르는 노래로, 〈강강술래〉, 〈남생아, 놀아라〉 등이 있습니다. 의식요는 한 집안 또는 마을의 행사나 제사 등에서 부르는 노래로, **〈상엿소리〉** 등이 있습니다.

지역에 따라서는 크게 다섯 종류로 나뉩니다. 사투리와 풍습이 지역마다 다르듯, 민요의 **시김새**나 가락 등도 지역별로 조금씩 다릅니다. 이처럼 지역에 따라 구별되는 음악적 특징을 '토리'라고 합니다.

경기 민요는 서울·경기 지역의 민요입니다. 맑은 소리로 경쾌하게 부르는 것이 특징입니다. 굿거리장단이나 세마치장단이 많이 쓰여 흥겨운 느낌을 줍니다. 〈닐리리야〉, 〈아리랑〉, 〈풍년가〉 등이 있습니다.

서도 민요는 평안도와 황해도 지역의 민요입니다. 콧소리를 섞어 얕게 떠는 특징이 있습니다. 섬세한 시김새와 **창법** 때문에 **애잔한** 느낌을 줍니다. 〈몽금포 타령〉, 〈해주 아리랑〉, 〈수심가〉 등이 있습니다.

동부 민요는 함경도, 강원도, 경상도 지역의 민요입니다. 함경도와 강원도의 민요는 **탄식**하거나 애원하는 듯한 느낌이, 경상도 민요는 씩씩하고 경쾌한 느낌이 듭니다. 〈밀양 아리랑〉, 〈한오백년〉, 〈정선 아리랑〉, 〈옹헤야〉 등이 대표 동부 민요입니다.

남도 민요는 전라도 중심의 민요입니다. **꺾는소리**와 떠는소리를 많이 내고, 가락이 **구성지고** 표현력이 풍부해서 화려하고 극적인 느낌이 듭니다. 〈농부가〉, 〈새타령〉, 〈진도 아리랑〉, 〈강강술래〉 등이 있습니다.

제주 민요는 제주도 지역의 민요입니다. 섬이라는 지리적 특성 때문에 통속 민요보다 토속 민요가 더 발전하였습니다. 주로 노동요가 많고, **한스러운** 느낌을 **푸념**하듯이 풀어내는 특징이 있습니다. 〈오돌또기〉, 〈해녀 노래〉 등이 제주도의 대표 민요입니다.

민중 국가나 사회를 이루는 일반 국민. 民 백성 민 衆 무리 중 **음보** 시와 노래의 운율(리듬)을 이루는 기본 단위. 우리나라 시나 노래에서는 보통 세 글자나 네 글자가 한 음보를 이룬다. 音 소리 음 步 걸음 보 **율격** 일정한 구조로 반복, 지속되는 소리의 질서. 律 규칙 율 格 격식 격 **통속** 세상에 널리 통하는 일반적인 풍속. 通 통할 통 俗 풍속 속 **토속** 그 지방의 특유한 풍속. 土 지방 토 俗 풍속 속 **상엿소리** 사람들이 상여(시체를 실어서 묘지까지 나르는 도구)를 메고 가면서 부르는 구슬픈 소리. 喪 죽을 상 輿 수레 여 **시김새** 국악에서, 주된 음의 앞과 뒤에서 꾸며 주는 꾸밈음. **창법** 노래를 부르는 방법. 唱 노래 창 法 방법 법 **애잔한** 애처롭고 애틋한. **탄식** 분하고 억울하여 한숨을 쉼. 歎 탄식할 탄 息 숨 쉴 식 **꺾는소리** 판소리나 전라도 민요 등에서, 원래 음보다 높게 부른 뒤 끌어 내리는 소리. **구성지고** 소리가 자연스럽고 구수하며 멋지고. **한스러운** 원망스럽고 슬픈. 恨 한 한 **푸념** 마음속에 품은 불평을 늘어놓음.

1

민요에 대한 설명으로 바르지 <u>않은</u> 것은 무엇인가요?

① 통속 민요와 토속 민요로 나뉜다.

② 민요는 입에서 입으로 전해져 왔다.

③ 통속 민요는 일정한 지역에서만 부른다.

④ 민요는 주로 3음보, 4음보의 율격을 가진다.

⑤ 토속 민요는 노동요가 많은 부분을 차지한다.

2

㉠에서 가장 두드러진 설명 방법은 무엇인가요?

① 묘사 – 대상이 눈앞에 보이듯 자세히 설명.　② 예시 – 예를 들어 나타냄.

③ 분류 – 종류에 따라서 나눔.　④ 대조 – 두 대상의 차이를 드러냄.

⑤ 비유 – 대상을 비슷한 대상으로 빗대어 나타냄.

3

민요가 지역에 따라 구별되는 음악적 특징을 무엇이라고 하나요?

4 각 지역 민요의 특징을 잘못 설명한 것을 고르세요.

내용
파악

① 경기 민요는 맑고 경쾌하게 부르는 특징이 있다.

② 남도 민요는 꺾는소리와 떠는소리를 많이 낸다.

③ 동부 민요는 함경도, 강원도, 경상도 지역의 민요다.

④ 제주 민요는 토속 민요보다 통속 민요가 더 발전했다.

⑤ 서도 민요는 평안도와 황해도 지역의 민요로, 애잔한 느낌의 노래가 많다.

5 다음은 경기 민요에 많이 쓰이는 장단입니다. 알맞은 장단 이름을 앞 글에서 찾아 쓰세요.

배경
지식

※ 장구 장단 치는 법

덩(①): 채편과 북편 양쪽을 동시에 친다.   덕(ㅣ): 채로 채편(오른쪽)을 친다.   쿵(○): 손으로 북편 (왼쪽)을 친다.   더러러(:): 채편을 가볍게 여러 번 친다.   기덕(i): 채편을 '따닥'하고 두 번 친다.

(1)

①			①		ㅣ	○	ㅣ	
덩			덩		덕	쿵	덕	

(2)

①		i	○	:		○		i	○	:
덩		기덕	쿵	더러러		쿵		기덕	쿵	더러러

6 민요 〈강강술래〉를 보고 대화를 나누었습니다. 옳은 말을 한 사람은 누구인가요?

적용

> 달 떠 온다 달 떠 온다 우리 마을에 달 떠 온다 강강술래
>
> 저 달이 장차 우연히 밝아 장부 간장 다 녹인다 강강술래
>
> 우리 세상이 얼마나 좋아 이렇게 모아 잔치하고 강강술래 〈하략〉
>
> **장부**: 건강한 남자.   **간장**: '마음'을 비유적으로 이르는 말.

① 용우: 주로 양반들이 부르던 노래야.

② 근영: 콧소리를 섞어 불러야 하지 않을까?

③ 석주: 슬픈 가사를 보니 제주 민요가 틀림없어.

④ 재석: 민중이 일하면서 부르던 '노동요'야.

⑤ 수연: 달밤에 백성들이 모여 흥겹게 불렀어.

1단계　다음 낱말의 뜻을 찾아 줄로 이으세요.

(1) 민중　●　　　　　　　　　　● ㉠ 노래를 부르는 방법.

(2) 토속　●　　　　　　　　　　● ㉡ 국가나 사회를 이루는 일반 국민.

(3) 창법　●　　　　　　　　　　● ㉢ 그 지방의 특유한 풍속.

2단계　위에서 배운 낱말을 빈칸에 넣어 문장을 완성하세요.

(1) 그 지역에서 전해지는 고유한 음식을 [　　　　　] 음식이라고 한다.

(2) 그 가수의 [　　　　　] 은 독특해서 따라하기 힘들다.

(3) 경찰을 다른 말로 '[　　　　　] 의 지팡이'라고도 부른다.

3단계　뜻풀이에 알맞은 낱말을 넣어 문장을 완성하세요.

> 애잔한　　　소박한　　　경쾌한

(1) 우리는 [　　　　　] 음악에 맞춰 신나게 춤을 추었다.

* 움직임이나 모습, 기분 따위가 가볍고 상쾌한.

(2) 민요에는 서민들의 [　　　　　] 정서가 담겨 있다.

* 꾸밈이나 거짓이 없이 수수한.

(3) 명희는 [　　　　　] 눈빛으로 아픈 강아지를 바라보았다.

* 애처롭고 애틋한.

첨단 과학 기술의 발전 속에서 세계 경제는 가파르게 성장했습니다. 기본적인 의식주가 해결되자 사람들은 삶의 질을 **중시하기** 시작했습니다. 또 저출산 고령화와 환경 오염 등은 우리 사회의 중요한 해결 과제가 되었습니다. 이에 따라 과거에는 별로 주목받지 못했던 직업들이 인기를 끌거나, 없었던 직업들이 새롭게 생겨나고 있습니다. 그렇다면 미래에는 과연 어떤 직업들이 주목받을까요?

로봇 산업과 항공 우주 산업은 미래의 과학 기술을 이끌어 갈 대표 분야입니다. 로봇 공학자는 인간을 대신해 다양한 분야에서 쓰이는 로봇을 연구, 개발하고 제조합니다. 개발한 로봇이 **적재적소**에 이용될 수 있도록 설치부터 운영, 관리까지의 전반적인 업무도 담당합니다. 항공 우주 공학자는 다양한 형태의 항공기, **로켓**, 탐사선, 인공위성 등을 설계하고 개발합니다. 이들이 만드는 비행 물체들은 지구 대기권은 물론이고 우주 먼 곳까지 날아가 달이나 행성 등을 **탐사**하는 중요한 임무를 수행합니다. 비행 물체를 하늘로 띄우거나 관리하는 데에 필요한 각종 장비나 시스템을 연구, 설계하고 관리하는 업무를 맡기도 합니다.

오늘날에는 자녀를 낳지 않는 부부들이나 ㉠ 결혼을 하지 않고 홀로 가구를 이루는 사람이 늘어나면서 **반려동물**을 키우는 사람들이 많아졌습니다. 이에 따라 반려동물과 관련한 직업도 자연스럽게 주목받고 있습니다. 반려동물 관리사는 반려동물의 특성을 이해하여 필요한 영양을 공급하고, 위생과 질병 등을 관리하는 직업입니다. 또 반려동물과 주인이 서로 올바른 **유대** 관계를 맺을 수 있도록 도와줍니다. 반려동물의 행동에 문제가 있다면 이러한 행동을 바로잡기 위한 상담과 교육을 합니다.

전 세계 노인 인구의 급속한 증가로 노년층에 대한 의료나 복지 서비스의 필요성이 그 어느 때보다 더 요구되고 있습니다. 또 평균 수명이 늘어나면서 은퇴 후의 새로운 삶을 계획하는 사람들도 많아졌습니다. 따라서 노년층과 관련한 직업의 수도 꾸준히 증가하고 있는 상황입니다. 노년 플래너는 노인들이 행복하고 안정적으로 **노후** 생활을 즐길 수 있도록, 건강은 물론이고 **자산** 관리나 인간관계에 대한 전문적인 **조언**을 제공합니다. 은퇴 후 제2의 인생에 대한 계획을 세워 주기도 합니다.

인구 문제 못지않게 지구의 환경 오염 문제도 날로 심각해지고 있습니다. 환경 오염으로 인하여 지구의 기후가 변하고, 세계 곳곳에서 **이상 기후** 현상이 발생하고 있습니다. 기후 변화 대응 전문가는 이러한 이상 기후에 대응하는 방법을 연구하고, 기후 변화가 사회에 끼치는 영향을 분석하는 직업입니다.

그 결과를 통하여 정부나 기업의 정책 수립에 도움을 줍니다. 기후 변화에 대한 교육 자료를 만들어 사람들에게 알리기도 합니다.

첨단 유행이나 흐름, 기술 등의 시대적인 변화에서 가장 앞서 나감. 尖 꼭대기 첨 端 처음 단 　**중시하기** 가볍게 여길 수 없을 만큼 매우 크고 중요하게 여기기. 重 귀중할 중 視 볼 시 　**적재적소** 알맞은 인재를 알맞은 자리에 씀. 適 맞을 적 材 재목 재 適 맞을 적 所 곳 소 　**로켓** 고온 고압의 가스를 발생·분출하여 그 반동으로 추진하는 장치. 또는 그런 힘을 이용한 비행물. rocket 　**탐사** 알려지지 않은 사물이나 사실, 장소 따위를 샅샅이 더듬어 조사함. 探 찾을 탐 査 조사할 사 　**반려동물** 사람이 정서적으로 의지하고자 가까이 두고 기르는 동물. 개, 고양이, 새 따위가 있다. 伴 짝 반 侶 짝 려 動 움직일 동 物 물건 물 　**유대** 둘 이상을 서로 연결하거나 결합하게 하는 관계. 紐 끈 유 帶 띠 대 　**노후** 늙어진 뒤. 老 늙을 노 後 뒤 후 　**자산** 개인이나 법인이 소유하고 있는, 경제적 가치가 있는 유형·무형의 재산. 資 재물 자 産 자산 산 　**조언** 거들거나 깨우쳐 주어서 도움. 또는 그 말. 助 도울 조 言 말씀 언 　**이상 기후** 기온이나 강수량 따위가 정상적인 상태를 벗어난 상태. 異 다를 이 常 항상 상 氣 날씨 기 候 기후 후

1

제목

이 글의 제목으로 가장 알맞은 것을 고르세요.

① 미래의 직업

② 저출산 고령화 현상

③ 지구의 환경 오염과 이상 기후

④ 반려동물을 올바르게 키우는 방법

⑤ 과학 기술의 발전에 따른 미래 사회의 모습

2

내용
파악

이 글의 내용으로 옳은 것을 고르세요.

① 미래에는 항공 우주 산업보다 로봇 산업과 관련한 직업이 더 주목받을 것이다.

② 로봇 공학자는 로봇의 연구와 개발, 제조를 할 뿐 설치와 운영, 관리 등은 하지 않는다.

③ 반려동물 관리사는 반려동물과 주인이 서로 올바른 유대 관계를 맺도록 돕는다.

④ 의료 기술의 발달로 노인 인구는 증가했으나 노년층 관련 직업의 수는 오히려 줄고 있다.

⑤ 기후 변화 대응 전문가는 기후를 분석하여 정부나 기업이 원하는 기후로 변화시키는 직업이다.

3

내용
파악

이 글에서 설명하지 <u>않은</u> 직업을 고르세요.

① 로봇 공학자   ② 반려동물 관리사   ③ 노년 플래너

④ 기후 변화 대응 전문가   ⑤ 결혼 상담사

4

배경
지식

㉠과 같은 가족의 형태를 이르는 말을 고르세요.

① 핵가족   ② 독신 가족   ③ 조손 가족

④ 입양 가족   ⑤ 확대 가족

5

적용

다음 사진들과 관련된 직업을 앞 글에서 찾아 쓰세요.

6

추론

이 글을 읽고 <u>틀린</u> 말을 한 친구를 고르세요.

① 창환: 미래에는 또 어떤 직업이 주목받을지 곰곰이 생각해 보고 내 꿈을 결정해야겠어.

② 민철: 신재생 에너지보다는 석탄, 석유 같은 화석 연료와 관련된 직업들이 더 주목받을거야.

③ 수인: 미래에는 우주여행도 갈 테니 우주 비행사나 우주 교통 관제사 같은 직업도 괜찮겠네.

④ 미영: 환경 오염이 심해지면 깨끗한 공기를 파는 기업이 생길지도 몰라.

⑤ 호재: 나는 강아지나 고양이 같은 동물들을 좋아하니까 반려동물과 관련한 직업을 갖고 싶어.

* **관제사**: 비행장에서 항공기의 움직임을 관리하고 통제하는 사람.

1단계 다음 낱말들의 뜻을 바르게 이으세요.

(1) 탐사 ●　　　　　　　　　　　● ㉠ 둘 이상을 서로 연결하거나 결합하게 하는 관계.

(2) 유대 ●　　　　　　　　　　　● ㉡ 거들거나 깨우쳐 주어서 도움. 또는 그 말.

(3) 조언 ●　　　　　　　　　　　● ㉢ 알려지지 않은 사물이나 사실, 장소 따위를 샅샅이 더듬어 조사함.

2단계 다음 문장의 빈칸에 알맞은 낱말을 위에서 찾아 쓰세요.

(1) 나와 동수는 친형제 이상으로 ☐☐☐☐ 가 깊다.

(2) 할아버지께서는 항상 내게 아낌없이 ☐☐☐☐ 을 해 주셨다.

(3) 화성 ☐☐☐☐ 를 위한 우주선이 성공적으로 발사되었다.

3단계 다음 설명을 읽고 밑줄 친 단어의 의미를 골라 번호를 쓰세요.

| 반려 | ① 생각이나 행동을 함께 하는 동무. |
| | ② 서류 따위를 제출한 사람에게 도로 돌려줌. |

(1) 부부는 일생을 동고동락할 <u>반려</u>다.　　　　　　　　　　(　　　　)

(2) 내가 낸 현장 체험 학습 신청서를 선생님께서 <u>반려</u>하셨다.　(　　　　)

* **동고동락**: 괴로울 때나 즐거울 때나 항상 함께함.

[가] 철학자 아리스토텔레스는 인간을 '웃는 동물'이라고 말했습니다. 인간과 동물을 구별하는 특징을 웃음으로 본 것입니다. 어린아이는 하루에 400번 정도 웃습니다. 하지만 어른은 15번 정도밖에 웃지 않습니다. 치열한 경쟁과 **각박한** 현실을 마주할수록 웃음을 잃는 것입니다. 그러나 삶이 힘들수록 웃음이 필요합니다. 웃음은 삶에 긍정적인 영향을 주기 때문입니다.

[나] 웃음은 몸을 건강하게 해 줍니다. 웃음은 **혈압**을 안정되게 하고 혈액 순환에 도움을 주며 **면역력**을 높입니다. 또 웃을 때 우리 몸에서 분비되는 물질은 기분을 좋게 하여 스트레스를 극복하게 도와주고, 잠시나마 육체 피로와 통증을 잊게 합니다. 그래서 자주 웃는 사람이 신체적, 정신적으로 건강합니다. '웃음이 **보약**'이라는 말처럼, 웃음은 몸과 마음의 건강 도우미입니다.

[다] 웃음은 학습 효과를 높입니다. 웃으면 기분이 좋아져 뇌의 활동이 활발해집니다. 또 웃음은 긍정적인 학습 분위기를 만들어 수업에 흥미를 갖게 합니다. 그러면 **능동적**인 자세로 수업에 참여하게 되어 학습 **능률**이 올라갑니다. 공부하기 전에 활짝 웃으며 즐거운 마음을 지니면 학습이 더 잘 이루어질 것입니다.

[라] 웃음은 인간관계에도 긍정적인 역할을 합니다. 웃는 표정은 상대방의 마음을 편안하게 하고 **호감**을 갖게 하여 대화의 **물꼬**를 트는 데에 도움을 줍니다. '㉠ [   ]'라는 속담처럼, 웃는 사람을 보면 마음이 너그러워져 불편한 감정도 누그러지기 때문입니다. 이처럼 웃음은 마음의 벽을 허물어 사람과 사람 사이를 부드럽게 연결해 주는 **윤활유** 역할을 합니다.

[마] 웃음에는 운동 효과가 있어 체중 조절에 도움이 됩니다. 한바탕 크게 웃을 때마다 얼굴 근육은 물론, 인체 근육의 3분의 1이 움직입니다. 그리고 웃는 동안 산소 공급이 증가하여 **유산소 운동**의 효과를 볼 수 있습니다. 웃는 것만으로도 **열량**이 소모되어 다이어트에 도움이 되는 것입니다.

[바] '소문만복래'라는 말이 있습니다. 웃으면 복이 온다는 말입니다. 일상의 작은 행복을 찾아 웃으려 노력한다면 건강과 삶의 **활력**을 얻을 수 있을 것입니다. 더불어, 주변 사람에게 긍정적인 이미지를 주어 인간관계도 더 좋아질 것입니다.

각박한 인정이 없고 메마른. 刻 몰인정할 각 薄 메마를 박　　**혈압** 심장에서 혈액을 밀어낼 때, 혈관 내에 생기는 압력. 血 피 혈 壓 누를 압　　**면역력** 밖에서 들어온 병원균에 버티는 힘. 免 면할 면 疫 전염병 역 力 힘 력　　**보약** 건강을 유지하거나 더 좋아지게 하기 위해 먹는 약. 補 도울 보 藥 약 약　　**능동적** 다른 것의 영향을 받지 않고 스스로 움직이는 것. 能 능할 능 動 움직일 동 的 과녁 적　　**능률** 일정한 시간에 할 수 있는 일의 비율. 能 능할 능 率 비율 률　　**호감** 좋게 여기는 감정. 好 좋을 호 感 느낄 감　　**물꼬** 어떤 일의 시작을 비유적으로 이르는 말.　　**윤활유** 어떤 일을 좋은 방향으로 매끄럽게 이루어지도록 해 주는 것을 비유적으로 이르는 말. 潤 윤기 윤 滑 미끄러울 활 油 기름 유　　**유산소 운동** 산소를 충분히 공급받아 에너지를 발생시키는 운동. 有 있을 유 酸 산소 산 素 바탕 소 運 움직일 운 動 움직일 동　　**열량** 열에너지의 양. 熱 태울 열 量 양 량　　**활력** 살아 움직이는 힘. 活 살 활 力 힘 력

1

주제

이 글의 중심 생각으로 가장 적절한 것은 무엇인가요?

① 웃으면 복이 온다.

② 인간은 웃는 동물이다.

③ 웃음은 몸을 건강하게 해 준다.

④ 운동을 열심히 하자.

⑤ 많이 웃자.

2

구조

이 글의 구조를 바르게 나타낸 것은 무엇인가요?

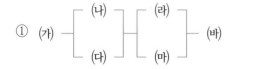

3

글의
종류

이 글의 특징을 가장 잘 설명한 것을 고르세요.

① 글쓴이의 경험을 쓴 글.　　　　　　② 글쓴이의 주장이 담긴 글.

③ 연극을 목적으로 쓴 글.　　　　　　④ 상상한 내용을 꾸며 쓴 글.

⑤ 어려운 내용을 이해하기 쉽게 설명한 글.

4

내용
파악

다음 중 웃음의 긍정적인 효과가 <u>아닌</u> 것을 고르세요.

① 온몸의 병을 치료한다.

② 면역력을 강하게 해 준다.

③ 학습 능률이 올라가게 한다.

④ 인간관계를 부드럽게 해 준다.

⑤ 체중 조절에 도움을 준다.

5

추론

[라]의 ㉠에 들어갈 속담으로 가장 어울리는 것을 고르세요.

① 웃음 끝에 눈물

② 웃음 속에 칼이 있다

③ 웃는 낯에 침 못 뱉는다

④ 죽사발이 웃음이요 밥사발이 눈물이라

⑤ 거지는 논두렁 밑에 있어도 웃음이 있다

6

내용
파악

다음 내용과 관련 있는 문단은 어느 것인가요?

> 미국의 한 과학자가 걸음마를 배우는 시기의 아이들을 상대로 다음과 같은 실험을 했다. 아이들을 두 그룹으로 나눈 뒤, 한 그룹에는 웃는 요소를 넣어 웃으면서 배우게 하고, 나머지 그룹은 웃는 요소 없이 진지하게 배우도록 했다. 그 결과, 웃으면서 학습한 아이들이 그렇지 않은 아이들보다 학습 목표를 더 많이 달성했다.

① [가]　　　　　　② [나]　　　　　　③ [다]

④ [라]　　　　　　⑤ [마]

어휘력 기르기

1단계   다음 낱말의 뜻을 찾아 줄로 이으세요.

(1) 호감   •

(2) 물꼬   •

(3) 윤활유 •

• ㉠ 어떤 일의 시작을 비유적으로 이르는 말.

• ㉡ 좋게 여기는 감정.

• ㉢ 어떤 일을 좋은 방향으로 매끄럽게 이루어지도록 해 주는 것을 비유적으로 이르는 말.

2단계   위에서 배운 낱말을 빈칸에 넣어 문장을 완성하세요.

(1) 취미는 반복되는 삶이 즐겁게 돌아가도록 돕는 [   ]다.

(2) 미연이는 태훈이를 보고 [   ]을 느꼈다.

(3) 혜주는 안부를 물으며 대화에 [   ]를 텄다.

3단계   다음은 '웃을 소(笑)' 자가 들어간 낱말들입니다. 설명에 알맞은 낱말을 찾아 쓰세요.

실소   폭소   냉소

(1) 갑자기 크게 터져 나오는 웃음.

_____

(2) 무관심하거나 쌀쌀한 태도로 비웃는 웃음.

_____

(3) 어처구니가 없어 자기도 모르게 터져 나오는 웃음.

_____

햇비

⊙

아씨처럼 **나린다**

보슬보슬 햇비

맞아 주자 다 같이

　옥수숫대처럼 크게

　닷 **자** 엿 자 자라게

　해님이 웃는다

　나 보고 웃는다.

ⓒ 하늘 다리 놓였다

알롱알롱 무지개

노래하자 즐겁게

　동무들아 이리 오나

　다 같이 춤을 추자

　해님이 웃는다

　즐거워 웃는다.

햇비 '여우비(햇빛이 비치는 날 잠깐 내리다 그치는 비)'의 사투리.　**아씨** 아랫사람들이 젊은 여자를 높여 부르는 말.　**나린다** 내린다.　**보슬보슬** 비나 눈이 조용히 가늘고 성기게(물건 사이가 떠서 빈 공간이 많게) 내리는 모양.　**옥수숫대** 옥수수의 줄기.　**자** 길이의 단위. 한 자는 약 30.3cm. '닷 자 엿 자'는 '다섯 자 여섯 자'를 말한다.　**알롱알롱** 여러 가지 빛깔의 작은 점이나 줄무늬가 촘촘하게 있는 모양.

1 이 시에서 가장 중요한 낱말은 무엇인가요?

핵심어

① 아씨   ② 햇비   ③ 옥수숫대

④ 동무   ⑤ 무지개

2 이 시를 읽고 떠오르는 모습이 <u>아닌</u> 것을 찾으세요.

내용
파악

① 비를 맞는 아이들.

② 하늘에 뜬 무지개.

③ 햇빛이 비치는 모습.

④ 해가 지며 노을이 진 하늘.

⑤ 노래하고 춤추는 아이들.

3 이 시에 대한 설명으로 <u>잘못된</u> 것을 고르세요.

내용
파악

① 소리를 흉내 내는 말을 사용했다.

② 모양을 흉내 내는 말을 사용했다.

③ 사람이 아닌 것을 사람처럼 표현했다.

④ 비가 조금씩 내리고 있지만 말하는 이는 친구들과 밖에서 놀고 싶어 한다.

⑤ '햇비'를 '아씨'에 빗대어 표현했다.

4 ⓒ '하늘 다리'는 무엇을 비유한 표현인가요?

표현

① 사다리   ② 육교   ③ 비행기

④ 구름   ⑤ 무지개

5 다음 설명을 읽고, 도치법이 쓰이지 <u>않은</u> 문장을 고르세요.

표현

> 도치법: 새로운 느낌을 주기 위해 문장에서 말의 순서를 바꾸어 표현하는 방법.
>
> 📄 하늘이 참 파랗다. → 참 파랗다, 하늘이. (도치법)

① 해님이 웃는다

② 맞아 주자 다 같이

③ 아씨처럼 나린다 보슬보슬 햇비

④ 노래하자 즐겁게

6 이 시와 어울리지 <u>않는</u> 말을 한 사람은 누구인가요?

감상

① 지영: 이 시를 읽으면 밝고 희망찬 느낌이 들어.

② 성준: 아씨가 보슬비를 맞으며 웃는 모습에서 정겨움이 느껴져.

③ 준하: 나도 친구들과 비를 맞으며 신나게 놀았던 기억이 떠올라.

④ 은형: '보슬보슬', '알롱알롱' 때문에 햇비가 내리는 모습과 무지개의 모습이 눈에 보이는 듯해.

⑤ 정화: 비를 맞으며 옥수숫대가 잘 자라듯 아이들도 햇비를 맞고 뛰어놀며 성장할 것 같아.

7 이 시를 쓴 사람에 대한 설명입니다. ㉠에 들어갈 시인은 누구인가요?

배경
지식

> 일제 강점기에 활동한 시인이자 독립운동가다. 중학생 시절부터 시를 썼으며, 1941년 연희전문학교 졸업 즈음, 시집 〈하늘과 바람과 별과 시〉를 만들었다. 그 뒤, 일본에서 유학 생활을 하던 중에 독립운동을 했다는 이유로 일본 경찰에 체포되었다. 1945년 2월, 건강이 악화되어 감옥에서 세상을 떠났다. 주요 작품으로 〈별 헤는 밤〉, 〈서시〉, 〈새로운 길〉 등이 있다.

① 한용운

② 김소월

③ 이상

④ 윤동주

⑤ 서정주

1단계　다음 낱말의 뜻을 찾아 줄로 이으세요.

(1) 보슬보슬　●　　　　　　　　　　● ㉠ 여러 가지 빛깔의 작은 점이나 줄무늬가 촘촘하게 있는 모양.

(2) 자　　　　●　　　　　　　　　　● ㉡ 길이의 단위. 한 자는 약 30.3cm.

(3) 알롱알롱　●　　　　　　　　　　● ㉢ 비나 눈이 조용히 가늘고 성기게 내리는 모양.

2단계　위에서 배운 낱말을 빈칸에 넣어 문장을 완성하세요.

(1) 비가 그치자 [　　　　　　　　] 고운 무지개가 하늘을 수놓았다.

(2) 동생은 키가 아직 석 [　　　　　　　　] 도 안 된다.

(3) 비가 [　　　　　　　] 내려 마른 땅을 촉촉이 적셔 주었다.

3단계　설명을 읽고, 바르게 쓴 낱말에 동그라미 하세요.

해 + 님 → 해님? 햇님?

두 낱말이 합쳐져 한 낱말이 될 때 앞 낱말에 '사이시옷(ㅅ)'이 붙기도 합니다.

예 해 + 빛 → 햇빛[해삗/핻삗]　초 + 불 → 촛불[초뿔/촌뿔]

그러나 낱말과 접미사가 합쳐진 낱말에는 'ㅅ'이 붙지 않습니다. 접미사는 낱말의 뒤에 붙어 새로운 뜻의 낱말을 만드는 말로, '-님, -꾼, -질' 등이 있습니다.

예 나라 + 님 → 나라님[나라님]　낚시 + 꾼 → 낚시꾼[낙씨꾼]

(1) ┌ 해님 (　　　　)　　(2) ┌ 나무꾼 (　　　　)　　(3) ┌ 낚시질 (　　　　)
　　└ 햇님 (　　　　)　　　　└ 나뭇꾼 (　　　　)　　　　└ 낚싯질 (　　　　)

앞부분의 내용: 엄지네 초가집과 구만네 초가집은 울타리 하나를 사이에 두고 있습니다. 엄지와 구만이는 울타리 구멍을 뚫어 놓고 들락날락할 정도로 아주 [　　　　 ⓐ 　　　　] 사이였습니다. 엄지네 엄마 소와 구만네 엄마 소는 둘 다 배불뚝이였습니다. 그런데 엄지네 소가 먼저 새끼를 낳았습니다. 엄지는 구만이를 찾아와 계속 자랑을 했고, 샘이 난 구만이는 엄지에게 화를 냈습니다. 그 뒤로 둘은 사이가 나빠져 울타리 구멍까지 막았습니다. 나흘 뒤, 마침내 구만네 소도 송아지를 낳았습니다.

　그런 어느 날입니다. 구만이가 **부리나케** 학교에서 돌아와 보니 송아지가 두 마리였습니다. 똑같은 두 놈이 구만네 엄마 소의 젖을 빨아 먹고 있었습니다.

　한 마리는 엄지네 송아지였습니다. 울타리 구멍을 빠져나와 구만네 집으로 온 것이 분명하였습니다.

　'그런데 누가 뚫어 놓았을까? 저 울타리 구멍……'

　구만이는 **살그머니** 울타리 구멍으로 엄지네 집을 살펴보았습니다. 아무도 없었습니다. 엄지네 엄마 소도 보이지 않았습니다. 모두 **들일**을 나갔나 봅니다.

　ⓑ 구만이는 비로소 방그레 웃음이 떠올랐습니다. 이제 알 만한 것입니다. 모두 들일을 나가 버린 뒤, 엄지네 송아지만 혼자서 집을 지키고 있어야 하였습니다. 심심하였습니다. 또, 젖이 먹고 싶었습니다. 그래서 음매- 음매- 혼자서 울고 있는데, 구만네 송아지가 울타리 구멍을 뚫고 달려왔습니다.

　"얘, 울지 마. 우리 집에 가서 나하고 놀자, 응?"

하고 달래며 엄지네 송아지를 데리고 온 것입니다. 그러니까 조금도 다투지 않고 저렇게 정답게 젖을 빨고 있는 것입니다.

　송아지 젖 빠는 모습이란 정말 **우스꽝스럽습니다**. 얌전히 빨면 젖이 잘 나오지 않는 모양입니다. **연방** 조그만 머리로 엄마 소의 젖통을 쿡쿡 **치받으며** 쪼옥 쪽 빨아 당기고는 하는 것입니다. 그래도 엄마 소는 꿈쩍도 하지 않습니다. 아무리 사납게 치받아도 한결같이 흐뭇한 얼굴입니다.

　그런데 어느 놈이 엄지네 송아지인지 알 수가 없습니다. 크기도 똑같고, 털 빛깔도 똑같고, 젖 빠는 모습까지 똑같은 것입니다.

　정말 아무리 지켜봐도 알 수가 없어 구만이가 바보처럼 멍하니 바라보고 있는데, 어느새 돌아왔는지 엄지 목소리가 들려 왔습니다.

"구만아, 우리 송아지 못 봤니?" / 하다 말고,

"어? 너네 집에 갔구나!"

하며 ⓒ 엄지는 울타리 구멍으로 고개만 내밀고 **멀뚱멀뚱**해 있었습니다. **선뜻** 구만네 집으로 들어오기가 어쩐지 쑥스러운 것입니다.

"그래, 우리 집에 와 있어. 빨리 와 봐."

구만이가 웃으며 소리치자, 엄지도 마주 웃으며 달려왔습니다.

하지만, 엄지도 자기네 송아지를 모르겠답니다.

"난 암만 봐도 모르겠는데." / 구만이가 고개를 **갸웃거리자**,

"정말 나도 모르겠어. 똑같구나. 꼭 ［　　ⓐ　　］ 같아."

엄지도 고개만 갸웃거렸습니다.

마침내 엄지네 송아지를 찾아낸 것은 해 질 무렵이 되어서였습니다. 들일을 마친 엄지네 엄마 소가 마당으로 들어서며 '음매' 하고 우렁차게 운 순간입니다. 그때까지 구만네 마당에서 뛰어놀고 있던 송아지 한 마리가 **느닷없이** 울타리 구멍으로 빠져나간 것입니다.

그런 일이 있고부터 울타리 구멍은 다시 막히지 않았습니다.

– 손춘익, 〈 ［　　ⓜ　　］ 가 뚫어 준 울타리 구멍〉

부리나케 서둘러서 아주 급하게.　**살그머니** 남이 알아차리지 못하게 살며시.　**들일** 들에서 하는 일.
우스꽝스럽습니다 말이나 행동, 모습 등이 특이하여 우습습니다.　**연방** 연속해서 자꾸. 連 연속할 연 方
두루 방　**치받으며** 머리나 뿔 등으로 아래에서 위쪽을 향하여 세차게 부딪치며.　**멀뚱멀뚱** 눈만 둥그
렇게 뜨고 다른 생각이 없이 물끄러미 쳐다보는 모양.　**선뜻** 동작이 빠르고 시원스러운 모양.　**갸웃거
리자** 고개나 몸 따위를 이쪽저쪽으로 자꾸 조금씩 기울이자.　**느닷없이** 아주 뜻밖이고 갑작스럽게.

1

제목

ⓜ에 알맞은 낱말을 넣어 이 글의 제목을 완성하세요.

［　　　　　　　　］

2

어휘

다음 설명을 읽고 ⓐ에 들어갈 낱말을 쓰세요.

한 어머니에게서 한꺼번에 태어난 두 아이.

［　　　　　　　　］

3

㉠에 들어갈 말로 적절하지 <u>않은</u> 것을 고르세요.

추론

① 서먹서먹한   ② 친밀한   ③ 허물없는

④ 가까운   ⑤ 친한

4

추론

㉡과 ㉢의 이유로 가장 알맞은 것을 고르세요.

㉡의 이유	㉢의 이유
① 엄지와 화해할 수 있게 되어서.	울타리 구멍이 너무 좁아서.
② 자신은 들일을 나가지 않아도 돼서.	구만이와 화해하고 싶지 않아서.
③ 누가 울타리 구멍을 뚫었는지 알게 되어서.	구만이와 싸우고 난 뒤 어색해서.
④ 혼자 심심했는데 송아지와 놀 수 있어서.	엄지의 성격이 소심해서.
⑤ 구만네 송아지가 혼자 우는 모습이 웃겨서.	구만네 가족이 집에 있어서.

5

내용
파악

이 글의 내용과 일치하는 것을 고르세요.

① 엄지네와 구만네는 아주 멀리 떨어져 있다.

② 구만네 엄마 소가 먼저 송아지를 낳았다.

③ 구만이는 송아지들이 지나다닐 수 있도록 울타리 구멍을 뚫어 주었다.

④ 엄지네와 구만네 송아지는 매우 비슷하게 생겼다.

⑤ 해 질 무렵이 되자 엄지는 자기 송아지를 데리고 집으로 돌아갔다.

6

감상

이 글을 읽고 친구들끼리 대화를 나누었습니다. 옳지 <u>않은</u> 말을 한 친구를 고르세요.

① 찬기: 송아지 때문에 엄지와 구만이가 서로 싸웠다가 화해하는 과정이 정말 흥미로웠어.

② 인태: 구만네 송아지가 엄지네 송아지에게 말을 거는 장면에서 작가의 재치를 느낄 수 있었어.

③ 유민: 이 글의 마지막 문장을 통해 구만이와 엄지가 화해한 뒤로 잘 지냈음을 알 수 있어.

④ 성재: 송아지가 엄마 소의 젖을 빠는 장면을 재미있게 표현해서 나도 모르게 웃음이 나왔어.

⑤ 민주: 작가는 이 작품을 통해 농사를 짓는 데에 송아지가 얼마나 중요한 존재인지 알려주고 싶었던 것 같아.

어휘력 기르기

10 문제 가운데 (   ) 문제 맞힘

1단계 다음 낱말들의 뜻을 바르게 이으세요.

(1) 연방 •

(2) 선뜻 •

(3) 들일 •

• ㉠ 들에서 하는 일.

• ㉡ 동작이 빠르고 시원스러운 모양.

• ㉢ 연속해서 자꾸.

2단계 다음 문장의 빈칸에 알맞은 낱말을 위에서 찾아 쓰세요.

(1) 아침을 먹지 않아서인지 배 속에서 [   ] 꼬르륵 소리가 났다.

(2) 날이 어두워지자 농부는 [   ] 을 마치고 집으로 돌아갔다.

(3) 그는 [   ] 대답하지 못하고 계속 주변 사람의 눈치만 보았다.

3단계 다음 문장에서 틀린 부분에 밑줄을 긋고 바르게 고치세요.

(1) 누나가 기침을 하자 아버지는 불이나게 약국에서 감기약을 사 오셨다.

(2) 아기는 엄마를 보며 방그래 웃었다.

(3) 나는 처음 만나는 사람에게 말을 거는 게 쑥쓰럽다.

(4) 날씨가 느닷없이 추워지더니 이윽고 눈이 내렸다.

인권은 인간으로서 누구나 마땅히 누려야 할 권리입니다. 돈이 없거나 어려서, 또는 장애가 있거나 피부색이 다르다는 이유로 **침해**당해서는 안 됩니다. 인권은 다른 사람이 함부로 빼앗을 수 없으며, 남에게 넘겨줄 수도 없습니다. 인간이 태어나면서 갖는 권리로, 하늘이 준 권리라는 의미에서 '천부인권'이라고도 부릅니다.

인권은 오랜 시간에 걸쳐 권력에 **대항**하고 투쟁하며 얻어낸 결과입니다. 옛날에는 신분에 따라 할 수 있는 일이 정해져 있었습니다. 그래서 아무리 똑똑해도 신분이 낮으면 높은 **벼슬**에 오를 수 없었습니다. 이에 조선 시대의 허균은 소설 〈홍길동전〉을 통해 당시 신분 제도의 잘못된 점을 비판했습니다. **일제 강점기**에 방정환은 어린이의 인권을 개선하기 위해 어린이날을 만들고 어린이를 위한 책을 펴냈습니다. 1970년, 전태일은 적은 **임금**을 받으며 **열악한** 환경에서 고통받는 노동자들의 인권을 보장하기 위해 자신을 희생했습니다. 이처럼 신분, 연령, 직급 등으로 인한 인권 침해는 옛날부터 존재했습니다.

'인권 존중'은 민주주의의 핵심 가치로, 〈세계 인권 선언〉을 통해 그 개념이 전 세계에 퍼졌습니다. **세계 대전**을 두 차례 겪으며 많은 사람이 희생되자 세계 각국에서 인권 보호를 주장하였고, 이에 **국제 연합**은 〈세계 인권 선언〉을 **선포**했습니다. 차별받지 않을 권리, 자유롭게 생각하고 표현할 권리, 생명을 지킬 권리, 행복을 추구할 권리, 교육을 받을 권리, 일할 권리, 종교를 가질 권리, 정치에 참여할 권리, 깨끗한 환경에서 살 권리 등 30개 조항이 〈세계 인권 선언〉에 담겨 있습니다.

하지만 지금도 사회 곳곳에서 인권이 침해되는 사례를 찾아볼 수 있습니다. 국적, 종교, 성별 등을 이유로 세계 여러 곳의 여러 사람이 불이익을 당하고 있습니다. 인권을 침해당하는 사람들은 대개 사회적 약자나 소수자들입니다. 이 때문에 세계 각국의 정부와 국제기구는 제도적으로 인권을 보호하기 위해 노력하고 있습니다.

우리나라에서는 '국가인권위원회', '국민권익위원회', '헌법재판소', '언론중재위원회' 등의 기구에서 인권 보호를 위해 일하고 있습니다. 국가인권위원회는 대한민국 헌법과 국제 인권 조약을 따라 사람들의 인권과 자유를 보호하고 향상하는 단체입니다. 국민권익위원회는 국민의 권리를 보호하고 불합리한 행정 제도를 조사하여 개선합니다. 헌법재판소는 국가 권력에 의해 침해당한 **기본권**을 되찾아 주거나, 어떤 법률이 헌법에 위반되는지 그렇지 않은지를 재판합니다. 언론중재위원회는 언론의 잘못된 보도로 기본권이 침해되거나 갈등이 생겼을 때 문제를 해결합니다.

침해 남의 권리나 재산 등을 침범하여 해를 끼침. 侵 침노할 침 害 해칠 해   **대항** 굽히거나 지지 않으려고 맞서서 버티거나 저항함. 對 대할 대 抗 대항할 항   **벼슬** 옛날에 나랏일을 맡아보던 자리.   **일제 강점기** 우리나라가 일본에게 강제로 나라를 빼앗긴 1910년 ~ 1945년까지의 기간. 日 날 일 帝 임금 제 強 강제로 할 강 占 점령할 점 期 기간 기   **임금** 일한 값으로 받는 돈. 賃 품삯 임 숲 돈 금   **열악한** 품질이나 능력, 시설 등이 매우 떨어지고 나쁜. 劣 못할 열 惡 나쁠 악   **세계 대전** 여러 나라가 함께 벌이는 큰 전쟁. 世 세상 세 界 경계 계 大 큰 대 戰 전쟁 전   **국제 연합** 제2차 세계 대전 후에 세계 평화와 안전을 지키려고 만든 단체. 國 나라 국 際 사이 제 聯 이을 연 合 합할 합   **선포** 어떤 일을 세상에 널리 알림. 宣 펼 선 布 드러낼 포   **기본권** 헌법에 의해 보장되는 국민의 기본적 권리. 자유권, 참정권, 사회권 등이 있다. 基 기초 기 本 근본 본 權 권리 권

1

핵심어

이 글에서 가장 중요한 낱말은 무엇인가요?

2

내용
파악

인권에 대한 설명으로 바른 것을 고르세요.

① 성인에게만 주어지는 권리다.

② 피부색에 따라 달리 주어진다.

③ 남에게 권리를 넘겨줄 수 있다.

④ 돈이 많으면 남의 인권을 침해할 수 있다.

⑤ 인간으로서 누구나 마땅히 누려야 할 권리다.

3

내용
파악

이 글의 내용과 <u>다른</u> 것을 고르세요.

① 옛날에는 신분에 따라 차별이 있었다.

② 민주주의의 핵심 가치는 인권 존중이다.

③ 민주주의가 정착된 이후에는 인권 침해가 사라졌다.

④ 국제 연합이 〈세계 인권 선언〉을 선포하였다.

⑤ 인권은 오랜 시간에 걸쳐 권력에 대항하고 투쟁하며 얻어낸 결과다.

4 다음 글에서 설명하는 기구를 고르세요.

법령이 헌법의 내용에 어긋나는지를 심판하는 곳이다. 대통령·국무위원·법관 등의 해임을 결정한다. 정당을 해산할 수도 있다. 국가 기관 사이의 다툼이나 국가 기관과 지방 자치 단체 사이의 다툼 등을 심판하기도 한다.

① 국제 연합　　　　　　　　　　　② 국가인권위원회

③ 국민권익위원회　　　　　　　　　④ 헌법재판소

⑤ 언론중재위원회

5 인권이 존중되는 사회를 만들기 위해 해야 할 노력이 <u>아닌</u> 것을 고르세요.

① 버스나 지하철에 노약자 배려석을 만든다.

② 어린이에게 일을 시키고 적정한 임금을 준다.

③ 외국인 근로자의 억울한 문제를 해결해 준다.

④ 생활이 어려운 가정에는 생활비를 지원해 준다.

⑤ 저상 버스를 운행하여 장애인들의 편의를 돕는다.

* **저상 버스**: 버스의 바닥이 낮고 출입구에 경사판이 설치된 버스.

6 다음에서 설명하는 사람은 누구인가요?

미국의 흑인 인권 운동가이며 목사다. 흑인을 차별하는 버스 좌석 제도에 저항하여 '버스 안 타기' 운동을 이끌었다. 흑인 인권 개선을 위해 평화적으로 노력한 공로를 인정받아 노벨 평화상을 받았다.

① 마틴 루서 킹　　　　② 테레사 수녀　　　　③ 넬슨 만델라

④ 버락 오바마　　　　⑤ 에이브러햄 링컨

1단계   다음 낱말의 뜻을 찾아 줄로 이으세요.

(1) 침해 •   • ㉠ 어떤 일을 세상에 널리 알림.

(2) 대항 •   • ㉡ 남의 권리나 재산 등을 침범하여 해를 끼침.

(3) 선포 •   • ㉢ 굽히거나 지지 않으려고 맞서서 버티거나 저항함.

2단계   위에서 배운 낱말을 빈칸에 넣어 문장을 완성하세요.

(1) 외적에 [   ] 하여 백성들이 조직한 군대를 '의병'이라고 한다.

(2) 1919년 3월 1일, 민족 대표들은 대한의 독립을 [   ] 하였다.

(3) 피부색으로 사람을 차별하는 것은 인권을 [   ] 하는 짓이다.

3단계   다음 설명을 읽고 알맞은 낱말을 '예'에서 찾아 쓰세요.

> **'-권(權)'**   일부 낱말 뒤에 붙어, '권리'나 '자격'의 뜻을 더하는 말.
> 예 사회권, 평등권, 참정권, 자유권

(1) 자유를 누리면서 살 권리.

_____

(2) 국민이 직접 또는 간접으로 정치에 참여할 수 있는 권리.

_____

(3) 국민이 더 나은 생활을 할 수 있게 나라에 요구할 권리.

_____

(4) 법을 공평하게 적용받아 차별받지 않을 권리.

_____

　동물은 스스로 움직이며, 다른 생물을 먹어 **양분**을 얻습니다. 동물을 분류하는 데에는 다양한 기준이 있습니다. 그중 대표적인 기준이 **척추**의 유무입니다. 척추가 있는 동물을 '척추동물', 척추가 없는 동물을 '무척추동물'이라고 부릅니다. 다시 척추동물은 포유류, 조류, 파충류, 양서류, 어류 등으로, 무척추 동물은 절지동물, 환형동물, 연체동물, 극피동물, 편형동물, 자포동물 등으로 나뉩니다.

　포유류는 폐로 호흡합니다. 척추동물 중 유일하게 새끼를 낳아 젖을 먹여 기릅니다. 포유류는 **정온 동물**이며, 대부분은 온몸이 털로 덮여 있습니다. 포유류에는 사람을 비롯하여 개, 토끼, 소, 코끼리 등이 있습니다.

　조류는 폐로 호흡하며, 알을 낳고 품어 새끼를 부화시킵니다. 몸은 깃털로 덮여 있으며, 날개가 있어 대부분 하늘을 날 수 있습니다. 포유류와 마찬가지로, 체온을 항상 일정하게 유지합니다. 까치, 참새, 독수리, 닭 등이 조류입니다.

　파충류는 폐를 통하여 호흡하며, 알을 낳는 **변온 동물**입니다. 포유류나 조류와는 다르게 몸 표면이 비늘로 덮여 있습니다. 이 비늘은 몸 안의 수분이 밖으로 빠져나가지 않게 하고, 외부의 충격에서 몸을 보호해 줍니다. 악어, 뱀, 도마뱀, 거북이 등이 파충류에 속합니다.

　양서류는 물과 땅 두 곳에서 생활하는 동물입니다. 어릴 적에는 물에 살면서 **아가미**로 호흡하다가 **성체**가 되면 육지로 올라와 폐로 숨을 쉽니다. 하지만 폐의 기능이 불완전하여 피부를 통해 부족한 호흡을 보충합니다. 파충류와 마찬가지로, 외부 온도에 따라 체온이 변하며, 알을 낳습니다. 개구리, 두꺼비, 도롱뇽, 맹꽁이 등이 대표 양서류입니다.

　어류는 물속에서 아가미를 통하여 호흡하며 살아갑니다. 어류는 파충류처럼 온몸이 비늘로 덮여 있으며, 체온이 일정하지 않습니다. 또 물속에 알을 낳습니다. 어류에는 금붕어, 연어, 멸치, 참치, 뱀장어 등이 있습니다.

　무척추동물은 척추동물보다 종류가 훨씬 다양하지만, 우리에게 낯선 동물들이 많습니다.

　절지동물은 몸이 딱딱한 껍질에 싸여 여러 마디로 나뉘어 있는 것이 가장 큰 특징입니다. 몸에는 다리가 여러 쌍 달려 있습니다. 우리 주변에서 흔히 볼 수 있는 개미와 거미 등이 절지동물입니다. 절지동물은 무척추동물 가운데 종류가 가장 많습니다.

환형동물은 몸이 가늘고 긴 원통 모양으로 이루어져 있어 머리와 몸통이 구별되지 않습니다. 몸에 마디는 있지만 다리가 없어 절지동물과 차이가 납니다. 비가 내린 뒤 볼 수 있는 지렁이가 대표 환형동물입니다.

연체동물은 절지동물에 이어 두 번째로 종류가 많은 무척추동물입니다. 연체동물은 뼈가 없어 몸이 연하고 부드러우며, 마디도 없습니다. 몸의 표면은 **외투막**이 감싸고 있는데, 여기에서 만들어진 껍데기로 몸을 보호하는 연체동물도 있습니다. 오징어, 낙지, 문어, 조개, 달팽이 등이 여기에 속합니다.

극피동물은 피부에 가시나 **돌기**가 있으며, 몸이 좌우 대칭을 이루고 있습니다. 사람의 발과 같은 역할을 하는 '**관족**'을 통하여 이동합니다. 극피동물에는 불가사리와 성게 등이 있습니다.

편형동물은 몸이 연하고 납작하며 구조가 매우 단순한 동물입니다. 극피동물처럼 몸이 좌우 대칭을 이루고 있습니다. 대표적인 편형동물로는 플라나리아가 있습니다.

마지막으로, 자포동물은 속이 비어있고, 입 주위에 **촉수**를 지닌 동물입니다. 해파리, 말미잘, 산호 등이 있습니다.

양분 영양이 되는 성분. 養 기를 양 分 나눌 분　　**척추** 머리뼈 아래에서 엉덩이 부위까지 이어진 뼈를 이르는 말. 脊 등마루 척 椎 등골 추　　**정온 동물** 포유류나 조류처럼 바깥 온도와 관계없이 체온을 항상 일정하고 따뜻하게 유지하는 동물. 定 정할 정 溫 온도 온 動 움직일 동 物 물건 물　　**변온 동물** 체온을 조절하는 능력이 없어서 바깥 온도에 따라 체온이 변하는 동물. 變 변할 변 溫 온도 온 動 움직일 동 物 물건 물　　**아가미** 물속에서 사는 동물, 특히 어류에 발달한 호흡 기관.　　**성체** 다 자라서 생식 능력이 있는 동물. 成 어른 성 體 몸 체　　**외투막** 조개와 같은 연체동물의 몸을 싼 막. 겉면에서 석회를 분비하여 껍데기를 만든다. 外 바깥 외 套 씌울 투 膜 막 막　　**돌기** 뾰족하게 내밀거나 도드라진 부분. 突 내밀 돌 起 일어날 기　　**관족** 극피동물의 운동 기관. 管 대롱 관 足 발 족　　**촉수** 하등 무척추동물의 몸 앞부분이나 입 주위에 있는 돌기 모양의 기관. 촉각, 미각 따위의 감각기관으로, 다른 동물을 잡아먹는 기능을 가진 것도 있다. 觸 닿을 촉 手 손 수

1

이 글의 제목으로 알맞은 것을 고르세요.

① 동물과 식물의 차이점

② 척추의 구성과 역할

③ 척추동물과 무척추동물

④ 척추동물의 특징

⑤ 동물이 체온을 항상 일정하게 유지하는 방법

2

내용
파악

이 글의 내용으로 <u>틀린</u> 것을 고르세요.

① 포유류와 조류는 체온을 항상 일정하게 유지하는 정온 동물이다.

② 척추동물 중 아가미로 호흡하는 동물은 어류이다.

③ 개미와 거미는 척추동물에 속한다.

④ 연체동물에는 오징어, 낙지, 문어, 조개 등이 있다.

⑤ 무척추동물은 척추동물보다 종류가 다양하다.

3

내용
파악

척추동물 중 새끼를 낳아 기르는 동물의 종류를 고르세요.

① 파충류   ② 양서류   ③ 어류

④ 포유류   ⑤ 조류

4

내용
파악

다음 중 파충류가 <u>아닌</u> 동물을 고르세요.

① 개구리   ② 악어   ③ 거북이

④ 뱀   ⑤ 도마뱀

5

내용
파악

무척추동물 중에서 종류가 가장 많은 동물을 고르세요.

① 자포동물   ② 환형동물   ③ 편형동물

④ 연체동물   ⑤ 절지동물

6

내용
파악

극피동물의 신체 기관 가운데 사람의 발과 같은 역할을 하는 것을 고르세요.

① 돌기   ② 관족   ③ 외투막

④ 비늘   ⑤ 아가미

7

내용
파악

양서류는 폐 기능이 불완전해 다른 기관을 통해 호흡을 보충해야 합니다. 양서류의 호흡을 보충하는 기관은 어디인가요?

1단계 다음 낱말들의 뜻을 바르게 이으세요.

(1) 양분 •

(2) 척추 •

(3) 아가미 •

• ㉠ 영양이 되는 성분.

• ㉡ 물속에서 사는 동물, 특히 어류에 발달한 호흡 기관.

• ㉢ 머리뼈 아래에서 엉덩이 부위까지 이어진 뼈를 이르는 말.

2단계 다음 문장의 빈칸에 알맞은 낱말을 위에서 찾아 쓰세요.

(1) 자세가 나쁘면 [   ] 가 휠 수 있으니 똑바로 앉아라.

(2) 식물의 뿌리는 땅속의 수분과 [   ] 을 빨아들이는 기관이다.

(3) 물고기들은 물속에서도 [   ] 로 숨쉴 수 있다.

3단계 다음 사진을 보고 각각 어느 동물에 속하는지 종류를 쓰세요.

(1) [   ]   (2) [   ]   (3) [   ]

사회자: 최근 동물원의 **열악한** 환경과 동물 **학대** 문제가 알려지면서 동물원의 필요성에 대해 의견이 엇갈리고 있습니다. 그래서 오늘 토론의 주제를 '동물원은 필요한가'로 정했습니다. 토론자들은 규칙과 예의를 지켜 찬성이나 반대의 의견을 발표해 주십시오.

재　훈: 저는 동물원이 꼭 필요하다고 생각합니다. ㉠ 동물원에서 교육적 효과를 얻을 수 있기 때문입니다. 책이나 텔레비전에서만 보던 **야생** 동물이나 **멸종** 위기의 동물을 동물원에서 직접 보면서 동물에 관한 지식을 얻을 수 있습니다. 동물들의 모습이나 행동을 가까이서 관찰하면 동물에 대한 이해와 관심도 깊어집니다. 또 동물과 **교감**하며 동물을 소중히 여기는 마음도 기르게 됩니다.

은　빈: 저는 ㉡ 동물원이 필요하지 않다고 생각합니다. 동물원은 인간의 즐거움을 위해 동물을 가두어 놓은 시설이기 때문입니다. 자연 속에서 자유롭게 살아야 할 동물을 강제로 데려와 좁은 우리 안에 가두고 구경거리로 삼은 것은 잘못입니다. 동물원은 동물을 상품으로 여겨 이익을 취하려는, 인간의 **이기심**에서 만든 것이므로 없애야 한다고 생각합니다.

태　정: 저도 그렇게 생각합니다. ㉢ 동물들도 인간처럼 자유롭고 행복하게 살 권리가 있습니다. 하지만 동물원의 동물들은 좁은 우리에 갇혀 수많은 관람객과 마주하고 있습니다. 그러다 보니 일부 동물들은 심한 스트레스를 받아 이상 행동을 보이거나 우울증에 걸리기도 합니다. 인간의 즐거움을 위해 동물의 자유와 행복을 **빼앗아서는** 안 됩니다. 따라서 동물원은 필요하지 않다고 생각합니다.

진　주: 하지만 ㉣ 동물원은 동물을 보호해 주는 역할도 하고 있습니다. 동물원은 자유를 제한하더라도 먹이와 안전을 보장하기 때문에 동물에게 훨씬 이롭습니다. 야생에서 사는 동물은 많은 위험에 **노출**되어 있습니다. 먹이를 찾지 못해 굶어 죽기도 하고, **천적**에게 잡아먹히기도 합니다. 동물원을 없앨 것이 아니라, 동물들이 행복하게 지낼 수 있도록 환경을 개선해야 된다고 생각합니다.

사회자: 찬성과 반대 측의 주장을 들어보았습니다. 이제 양측의 **반론**을 듣겠습니다.

은　빈: 저는 동물원에서 교육적 효과를 기대하기는 힘들다고 생각합니다. ㉤ 동물원의 동물들은 좁은 공간에 갇혀 야생성을 잃고 무기력하게 잠을 자거나 이상 행동을 보이기 때문입니다. 그러한 동물을 보면 제대로 된 지식을 얻을 수 없고 동물을 소중히 여기는 마음도 기르기 어렵습니다.

진　주: 동물원이 인간의 즐거움을 위해 동물을 가두어 놓은 곳이라는 점은 일부분 인정합니다. 하지만 자연환경이 파괴되어 동물들이 살아가기 힘든 상황에서, 동물원은 야생 동물과 멸종 위기 동물을 보호하는 긍정적인 기능을 하고 있습니다. 또 동물원에서는 동물이 행복하게 지낼 수 있도록 다양한 노력을 하고 있습니다. 현재 변화하는 모습을 무시한 채 과거의 모습만 보고 동물원을 없애야 한다는 주장은 적절하지 않습니다.

사회자: 양측의 의견을 모두 들었습니다. 이상으로 토론을 마칩니다. 여러분께서는 양측 의견을 참고해 찬성과 반대 중 한쪽을 선택하여 투표해 주시기 바랍니다.

열악한 품질이나 능력, 시설 따위가 매우 떨어지고 나쁜. 劣 못할 열 惡 나쁠 악　**학대** 정신적이나 육체적으로 몹시 괴롭히고 모질게 대함. 虐 모질 학 待 대할 대　**야생** 사람이 기르지 않고 산이나 들에서 저절로 자람. 野 들 야 生 날 생　**멸종** 생물의 한 종류가 없어짐. 滅 없어질 멸 種 종류 종　**교감** 감정이나 생각을 함께 나누어 가짐. 交 사귈 교 感 느낄 감　**이기심** 자기 자신의 이익만을 생각하는 마음. 利 이로울 이 己 자기 기 心 마음 심　**노출** 겉으로 드러나거나 드러냄. 露 드러날 노 出 날 출　**천적** 잡아먹는 동물을 잡아먹히는 동물에 상대하여 이르는 말. 天 자연 천 敵 대적할 적　**반론** 남의 의견에 반대하여 말함. 反 반대할 반 論 논할 론

1

다음과 같은 주장을 펼친 사람은 누구인가요? 두 명씩 이름을 쓰세요.

(1) 동물원은 필요하다.　　　　　　　　　　　　　　　,

(2) 동물원은 필요하지 않다.　　　　　　　　　　　　,

2

㉠ ~ ㉤ 가운데 주장에 대한 근거가 <u>아닌</u> 것을 고르세요.

① ㉠　　　　　　② ㉡　　　　　　③ ㉢

④ ㉣　　　　　　⑤ ㉤

3 태정이는 동물원 동물들이 스트레스를 받는 까닭을 무엇이라고 했나요?

내용 파악

① 주변 환경이 지저분해서.

② 먹이를 너무 많이 먹어서.

③ 좁은 우리에 갇혀 있어서.

④ 공격적인 동물과 함께 살아서.

⑤ 움직이지 못하게 묶어 두어서.

4 다음 중 재훈이와 같은 관점을 가진 사람은 누구인가요?

적용

① 동은: 동물원은 동물의 자유를 구속하는 공간이야.

② 선화: 동물원에서 동물들을 보면 보호해 주고 싶다는 마음이 들 거야.

③ 정원: 동물원이 아무리 좋아도 동물에게 자연을 대신할 수는 없어.

④ 성훈: 동물은 그 자체로 존중받아야 하는 소중한 생명체야.

⑤ 재혁: 동물원에는 긍정적인 기능과 부정적인 기능이 모두 있어.

5 다음 내용은 누구의 주장을 뒷받침하는 근거로 적절한가요?

적용

> 세계동물원수족관협회는 세계의 동물원 30곳을 찾은 방문객 육천여 명을 대상으로 설문조사를 벌였다. 그 결과, 동물원 방문 뒤에 동물 관련 지식을 얻게 되었다고 답한 사람의 비율이 63%로 나타났다. 또 동물원 방문 후, 생물 다양성 교육에 직접적 도움이 되었다고 응답한 비율은 75.1%로 조사됐다.

① 재훈   ② 은빈   ③ 태정   ④ 진주

6 다음 중 토론에 대한 설명으로 적절하지 <u>않은</u> 것을 고르세요.

배경 지식

① 찬성과 반대로 나뉘어 의견을 발표한다.

② 주장에 대한 근거를 제시한다.

③ 근거는 객관적이고 사실적이어야 한다.

④ 상대편의 주장을 잘 들은 뒤에 반론한다.

⑤ 문제에 대한 해결책을 찾기 위해 여러 의견을 말하고 그 가운데 가장 좋은 것을 고른다.

1단계　다음 낱말의 뜻을 찾아 줄로 이으세요.

(1) 야생　●　　　　　　　　　　●　㉠ 감정이나 생각을 함께 나누어 가짐.

(2) 멸종　●　　　　　　　　　　●　㉡ 생물의 한 종류가 없어짐.

(3) 교감　●　　　　　　　　　　●　㉢ 사람이 기르지 않고 산이나 들에서 저절로 자람.

2단계　위에서 배운 낱말을 빈칸에 넣어 문장을 완성하세요.

(1) 하늘다람쥐, 황새, 사향노루 등은 모두 [　　　　　] 위기에 놓인 동물이다.

(2) 사육사는 동물과 [　　　　　] 하며 동물이 건강하게 생활하도록 돕는다.

(3) 사람들은 [　　　　　] 에서 자라던 닭을 길들여 가축으로 삼았다.

3단계　설명을 읽고, '론' 자가 들어가는 낱말을 쓰세요.

輿　論
많을 여　논할 론　│　어떤 일에 관하여 세상 사람들이 두루 지닌 생각이나 의견.

(1) 남의 의견에 반대하여 말함.　　　　　ㅂ □

(2) 어떤 문제에 대해 찬성과 반대로 나뉜 사람들이 의견을 주장하고 논리를 펼침.　　ㅌ □

(3) 미루어 생각하여 논함.　　　　　ㅊ □

혼자 있어 봐

이화주

친구와
쌍동밤처럼
어깨동무하는 것도 좋지만

참새 떼처럼
쩍째글 쩍째글
몰려다니는 것도 좋지만

가끔씩은
아주 가끔씩은
혼자 있어 봐.

별들의 이야기
엿들을 수도 있고,
㉠ **입속말**하던 시계들이
낭랑한 목소리로 말을 걸어온다.

그래, 운동장 가슴이 쿵쿵 울리도록
뛰놀던 아이들이 가 버린
늦은 저녁
㉡ 그네에 혼자 앉아
바람처럼 **휘파람**을 불어 봐.

거인 같은 운동장이
이웃집 아저씨처럼
너를 번쩍 안아 올려
네 마음의 무게를 재어 주실 테니까.

쌍동밤 한 껍데기 속에 두 쪽이 들어 있는 밤. 雙 둘 쌍 童 아이 동   **엿들을** 남의 말을 몰래 가만히 들을. **입속말** 남이 잘 알아듣지 못하게 입속으로 중얼거리는 말.   **낭랑한** 소리가 매우 맑고 또렷한. 朗 맑을 낭 朗 맑을 랑   **휘파람** 입술을 좁게 오므리고 혀끝으로 입김을 불어서 내는 소리.   **거인** 몸이 아주 큰 사람. 巨 클 거 人 사람 인

1

내용
파악

이 시의 말하는 이에 대한 옳은 설명을 고르세요.

① 말하는 이는 이웃집 아저씨다.

② 친구와 어깨동무를 하고 있다.

③ 가끔 혼자 있어 보기를 권하고 있다.

④ 친구들과 어울리지 못해 슬퍼하고 있다.

⑤ 넓은 운동장에서 휘파람을 불고 있다.

2

표현

이 시에 쓰인 표현에 대한 설명입니다. <u>틀린</u> 것을 찾으세요.

① 1연에서, 친구들과 어깨동무하는 모습을 쌍동밤에 비유했다.

② 2연에서, 친구들과 떠들며 몰려다니는 모습을 참새 떼에 비유했다.

③ 5연에서, 입에서 나오는 휘파람을 바람에 비유했다.

④ 6연에서, 크고 넓은 운동장의 모습을 거인에 비유했다.

⑤ 6연에서, 자신을 번쩍 안아 올려 주는 사람을 이웃집 아저씨에 비유했다.

3

표현

이 시에 나타난 표현의 특징이 <u>아닌</u> 것을 고르세요.

① 사람이 아닌 것을 사람처럼 표현했다.

② 후각적 표현을 사용했다.

③ 같은 말을 반복하여 나타내려고 하는 내용을 강조했다.

④ 소리를 흉내 내는 말을 사용했다.

⑤ 모양을 흉내 내는 말을 사용했다.

4 ○과 같은 표현법을 고르세요.

표현

① 거울이 나를 보며 웃는다.

② 누나는 개미처럼 부지런하다.

③ 아버지는 늘 푸른 소나무다.

④ 강물이 반짝반짝 빛난다.

⑤ 솜사탕 같은 구름이 둥실둥실 흘러간다.

5 ○과 같이 말한 까닭은 무엇인가요?

추론

① 휘파람 부는 연습을 하라고.

② 휘파람 소리를 듣고 싶어서.

③ 혼자 생각하는 시간을 가져 보라고.

④ 무섭고 쓸쓸한 마음을 없애 보라고.

⑤ 주위에 사람이 있는지 알아보라고.

6 이 시에 대한 설명으로 옳지 <u>않은</u> 것을 고르세요.

내용
파악

① 6연 22행으로 이루어졌다.

② 누군가에게 말하는 것처럼 쓰였다.

③ 1연과 2연은 비슷한 문장 구조로 짝을 이루고 있다.

④ 연마다 똑같은 말을 되풀이했다.

⑤ 다양한 비유법을 사용했다.

7 이 시에 대한 감상으로 어울리지 <u>않는</u> 말을 한 사람은 누구인가요?

감상

① 소현: 별들과 이야기를 나누는 아이의 모습이 눈앞에 그려져.

② 재민: 친구와 어깨동무하고 다정하게 걸어가는 모습이 상상돼.

③ 중원: 친구들과 재잘거리며 떼 지어 다니는 모습이 보이는 듯해.

④ 보영: 밤하늘의 별들이 이야기를 나누는 모습이 보이는 것 같아.

⑤ 은정: 친구들이 다 집에 가고 난 뒤에 혼자서 그네에 앉아 있는 아이의 모습이 떠올라.

1단계 다음 낱말의 뜻을 찾아 줄로 이으세요.

(1) 쌍동밤 •

(2) 입속말 •

(3) 휘파람 •

• ㉠ 입술을 좁게 오므리고 혀끝으로 입김을 불어서 내는 소리.

• ㉡ 한 껍데기 속에 두 쪽이 들어 있는 밤.

• ㉢ 남이 잘 알아듣지 못하게 입속으로 중얼거리는 말.

2단계 위에서 배운 낱말을 빈칸에 넣어 문장을 완성하세요.

(1) 형에게 꾸중을 들은 현규는 [   ] 로 투덜거렸다.

(2) 준희는 기분이 좋아서 [   ] 을 불며 집을 나섰다.

(3) 은수와 은태는 [   ] 처럼 항상 붙어 다닌다.

3단계 괄호 안에는 동음이의어(소리는 같지만 뜻이 다른 낱말)가 들어갑니다. 빈칸에 알맞은 낱말을 쓰세요.

(1) [   ] 어

① 얼마나 컸는지 키를 (   ) 보자.

    ＊자, 저울 등을 이용해 높이, 길이, 무게, 속도 따위를 알아보아.

② 어머니께서 고기를 양념에 (   ) 놓으셨다.

    ＊고기 따위의 음식을 양념하여 그릇에 담아 두어.

③ 기영이는 발이 (   ) 축구 선수가 되기에 유리하다.

    ＊재빠르고 날쌔어.

④ 놀부는 돈이 많다고 (   ) 사람들이 싫어한다.

    ＊잘난 척하면서 뽐내어.

옛날 어느 마을에 그곳을 다스리는 **원님**이 살았습니다. 원님은 자기 혼자만 풍족하게 살려고 할 뿐, 마을 사람들이 굶거나 아파도 전혀 신경을 쓰지 않았습니다. 하루는 길을 가는데 거지가 나타나 도와달라고 간청하였습니다. 원님은 마지못해 거지에게 볏짚 한 **단**만 달랑 던져 주고는 다시 제 갈 길을 갔습니다.

그런데 어느 날, 원님이 갑작스럽게 죽었습니다. 원님은 죽자마자 **저승사자**에게 이끌려 염라대왕 앞에 섰습니다. 원님은 젊은 나이에 죽었다는 사실이 너무나 억울했습니다.

"염라대왕님, 저는 아직 젊어 **이승**에서 할 일이 많사옵니다. 한 번만 살려 주십시오."

원님이 눈물을 글썽이며 애원하자 염라대왕은 딱히 여겨 저승사자에게 말했습니다.

"이 자는 저승에 오기엔 아직 젊으니, 이승으로 돌려보내 주어라."

"감사합니다, 정말 감사합니다. 이승에 돌아가면 누구보다 착하게 살겠습니다."

하지만 저승사자는 자신을 ㉠ [   ] 원님이 별로 마음에 들지 않았습니다.

"쌀 삼백 **석**을 주면 너를 다시 이승으로 보내 주겠다."

"제가 갑작스럽게 저승에 온 터라 가진 것이 아무것도 없습니다. 이를 어찌합니까?"

"걱정 말거라. 사람은 누구나 저승에 자기만의 **곳간**이 있다. 그 곳간은 이승에서 좋은 일을 할 때마다 그만큼 재물이 쌓이는 곳이다. 함께 네 곳간으로 가 보자."

평소 남에게 **덕**을 베푼 적이 없다는 사실을 누구보다 제일 잘 아는 원님은 곳간을 확인하는 게 몹시 두려웠습니다. 아니나 다를까, 원님의 곳간 안에는 고작 볏짚 한 단만이 **덩그러니** 놓여 있을 뿐이었습니다.

"허허, 대체 어떻게 살아왔길래 곳간에 있는 것이라곤 저 볏짚 한 단뿐이냐?"

저승사자는 **기가 차서** 말을 잇지 못했습니다. 초라한 곳간을 보니 원님은 부끄러워 고개를 들 수 없었습니다.

"자네와 같은 마을에 덕진이라는 **아낙**이 산다. 덕진의 곳간에는 재물이 가득하니, 일단 거기에서 쌀을 빌리고 이승에 돌아가 갚거라."

원님은 이승에 돌아오자마자 쌀 삼백 석을 가지고 덕진이 지내는 **주막**을 찾아갔습니다. 덕진은 **홀어**

머니와 단둘이 주막을 운영하며 가난하게 살고 있었습니다. 하지만 저승에 있는 곳간이 어째서 가득 찼는지 단번에 알 수 있을 정도로, 그녀의 **성품**은 어질고 훌륭했습니다. 원님은 덕진을 만나 감사를 전하며 저승에서 있었던 일을 말해 주었습니다.

"저승에서 자네에게 빚진 쌀 삼백 석을 갚으러 왔네. 자네가 내 목숨을 구했으니 꼭 받아 주게."

덕진은 쌀을 받을 수 없다며 거절했지만 원님은 주막 앞에 쌀을 두고 돌아가 버렸습니다. 덕진은 고민 끝에 어머니께 말씀드렸습니다.

"어머니, 이 쌀을 팔아 마을 앞 강에 다리를 놓는 게 어떻겠습니까? 다리가 없어 맨몸으로 강을 건너는 마을 어르신들과 아이들을 보면 정말 마음이 아픕니다."

"그래, 네 덕으로 받은 쌀이니 네 뜻대로 하여라."

다리가 완성되자 마을 사람들은 강을 편하게 건넜습니다. 마을 사람들은 덕진의 이름을 따서 그 다리를 '덕진 다리'라고 불렀답니다.

– 전래 동화, 〈저승에 있는 곳간〉

원님 옛날에, 각 고을을 다스리던 사람을 높여 부르는 말. 員 관원 원　　**단** 짚, 나무, 채소 등의 묶음을 세는 단위.　　**저승사자** 저승(사람이 죽은 뒤에 그 혼이 가서 산다고 하는 세상)에서 염라대왕의 명령을 받고 죽은 사람의 혼을 데리러 온다는 심부름꾼. 使 심부름꾼 사 者 사람 자　　**이승** 지금 살고 있는 세상.
석 곡식, 가루 등의 부피를 재는 단위. 石 석 석　　**곳간** 물건을 간직하여 두는 곳. 庫 창고 고 間 사이 간
덕 베풀어 준 은혜나 도움. 德 덕 덕　　**덩그러니** 홀로 우뚝 드러난 모양.　　**기가 차서** 어이가 없어 말이 나오지 않아서.　　**아낙** 남의 집 여자를 이르는 말.　　**주막** 시골 길가에서 밥과 술을 팔고, 돈을 받고 나그네에게 잠자리를 제공하는 집. 酒 술 주 幕 장막 막　　**홀어머니** '홀어미(남편을 잃고 혼자 자식을 키우며 사는 여자)'를 높여 이르는 말.　　**성품** 사람의 성질과 됨됨이. 性 성품 성 品 품격 품

---

1 이 글이 주는 교훈은 무엇인가요?

주제

① 친구와 사이좋게 지내자.　　　　② 빚을 잘 갚자.

③ 자기 일에 최선을 다하자.　　　　④ 남에게 베풀며 살자.

⑤ 상대방의 입장도 생각하자.

2 원님이 저승에 있는 동안 느낀 감정이 <u>아닌</u> 것을 고르세요.

내용
파악

① 억울함　　　　　② 뿌듯함　　　　　③ 두려움

④ 부끄러움　　　　⑤ 감사함

3 이 글의 내용으로 <u>틀린</u> 것을 고르세요.

내용
파악

① 염라대왕은 원님을 이승으로 돌려보내라고 명령했다.

② 저승사자는 쌀 삼백 석을 주면 원님을 이승으로 돌려보내 주겠다고 했다.

③ 원님은 덕진의 곳간에 있는 쌀 삼백 석을 빌려 이승으로 돌아갔다.

④ 덕진은 부모님과 함께 큰 주막을 운영하며 풍족하게 살고 있었다.

⑤ 덕진은 원님이 갚은 쌀을 팔아 마을에 다리를 놓았다.

4 ㉠에 들어갈 표현으로 가장 적절한 말을 고르세요.

추론

① 헛고생시킨   ② 이용하고 배신한   ③ 저승으로 데려온

④ 도와주지 않은   ⑤ 계속 따라다니는

5 다음 중 이 글과 어울리지 <u>않는</u> 감상을 말한 사람은 누구인가요?

감상

① 혜미: 자신밖에 모르던 원님이 저승에서 자기 곳간을 확인할 때 정말 통쾌했어.

② 진태: 모든 사람이 저승에 자신의 곳간을 가지고 있다는 내용이 신기하면서도 재미있었어.

③ 은빈: 저승의 내 곳간에 재물이 가득 찰 수 있도록 나도 좋은 일을 많이 해야겠어.

④ 창재: 자신도 가난하면서, 마을 어르신들과 아이들을 먼저 생각하는 덕진은 훌륭한 사람이야.

⑤ 민하: 원님이 저승에 다녀와서 정신을 차리고 마을에 다리를 놓아서 그나마 다행이야.

6 이 글의 줄거리를 다음과 같이 정리했습니다. 빈칸에 들어갈 말을 쓰세요.

줄거리

발단	옛날 어느 마을에 이기적인 원님이 살았다.
전개	갑작스레 저승에 간 원님이 자신을 이승으로 돌려보내 달라고 염라대왕에게 간청했다.
위기	염라대왕은 승낙했지만, 저승사자는 돌아가려면 쌀 (1) [ ] 을 내놓으라고 했다.
절정	원님은 덕진이라는 아낙의 (2) [ ] 에서 쌀을 빌려 이승으로 돌아왔다.
결말	덕진은 원님이 갚은 쌀을 팔아 마을 사람들을 위한 (3) [ ] 를 놓았다.

1단계　다음 낱말들의 뜻을 바르게 이으세요.

(1) 저승　•

(2) 곳간　•

(3) 성품　•

• ㉠ 사람의 성질과 됨됨이.

• ㉡ 사람이 죽은 뒤에 그 혼이 가서 산다고 하는 세상.

• ㉢ 물건을 간직하여 두는 곳.

2단계　다음 문장의 빈칸에 알맞은 낱말을 위에서 찾아 쓰세요.

(1) 나는 죽은 뒤에도 [　　　　　] 에서 부모님과 행복하게 지내고 싶다.

(2) 우리 선생님은 [　　　　　] 이 너그럽고 따뜻하시다.

(3) 재물로 가득 차 있던 할아버지의 [　　　　　] 이 텅 비어 있었다.

3단계　다음 설명을 읽고 빈칸에 어울리는 말을 찾아 번호를 쓰세요.

> ① 기가 차서: 어이가 없어 말이 나오지 않아서.
>
> ② 기를 써서: 있는 힘을 다해서.

(1) 윤정이는 [　　　　　] 수학 문제를 풀었지만 다섯 문제나 틀렸다.

(2) 방귀를 뀌고도 아닌 척하는 민수를 보니 [　　　　　] 할 말을 잊었다.

비정부 기구(NGO)는 시민들이 **자발적으로** 조직하는 **비영리 단체**입니다. 이 기구들은 각각 정치, 인권, 환경, 보건 등을 목적으로 삼아 전 세계에서 활동하고 있습니다.

그린피스는 핵무기를 반대하고 환경을 보호하기 위해 활동하는 비정부 기구입니다. 1971년에 캐나다에서 **창설**된 이후로 현재까지 지구 환경을 지키기 위해 노력하고 있습니다. 네덜란드 암스테르담에 국제 본부를 두고 세계 곳곳에 사무소를 설치하여 활동하고 있습니다. 그린피스는 1993년에 영국 **근해**가 기름으로 오염되었을 때 그 기름을 제거하고, 야생 동물들을 구조하는 데에 앞장서기도 했습니다.

해비타트는 세계 모든 사람이 자기 집에서 편안히 살 수 있도록 새집을 지어 주거나 오래된 집을 고쳐 주는 비정부 기구입니다. 미국의 밀라드 풀러 부부는 1973년에 아프리카에서 가난한 사람들에게 집을 지어 주었습니다. 3년 뒤인 1976년, 풀러 부부는 미국에 돌아가 해비타트를 창설하였습니다. 해비타트는 가난한 사람들에게 **안락한 보금자리**를 제공하여 자립심을 키워 주어서 그 사람들이 건전한 사회 구성원이 되도록 돕습니다.

국경없는의사회는 전쟁, 질병, 자연재해 등으로 고통받는 사람들을 돕기 위해 설립된 비정부 기구입니다. 성별, 종교, 인종, 계급 등과 관계없이 도움이 필요한 사람들의 생명을 지키기 위해 의료 활동을 합니다. 1971년에 프랑스 파리에서 의사와 언론인을 중심으로 만들어졌습니다. 1999년에는 공로를 인정받아 노벨 평화상을 받았습니다. 현재는 스위스 제네바에 본부를 두고, 전 세계 70여 국가에서 의료 활동을 이어 나가고 있습니다.

국제 앰네스티는 **인권**을 **침해**받는 사람들 편에 서서 그들을 **구제**하기 위한 활동을 펼치는 비정부 기구입니다. **고문**과 사형 폐지, **난민** 보호, **집회**와 **시위**의 자유 보장, 여성 인권 개선 등을 목적으로 활동하고 있습니다. 1961년에 영국인 변호사 피터 베넨슨이 만들었습니다. 1977년에는 고문 반대 운동을 펼쳐 노벨 평화상을 받았습니다. 본부는 영국 런던에 있으며, 1972년에는 우리나라에도 **지부**를 설립하였습니다.

굿네이버스는 1991년에 대한민국에서 만들어진 비정부 기구입니다. 굿네이버스는 가정에서 학대받는 아이들을 보호하고, 사회적·심리적으로 도움이 필요한 아이들에게 상담과 치료를 지원합니다. 전 세계 30여 국가에서 아동 교육, 보건, 환경 보호, 재난에서의 **구호** 등을 이어 나가고 있습니다.

자발적으로 남이 시키거나 요청하지 아니하여도 자기 스스로 나서서. 自 스스로 자 發 일어날 발 的 과녁 적
비영리 단체 자체의 이익을 추구하지 않고 공익을 목적으로 하는 단체. 非 아닐 비 營 경영할 영 利 이로울 리
團 단체 단 體 몸 체   **창설** 기구, 단체, 조직 등을 처음으로 설치하거나 설립함. 創 시작할 창 設 설립할 설
근해 육지에 가까운 바다. 近 가까울 근 海 바다 해   **안락한** 몸과 마음이 편안하고 즐거운. 安 편안할 안 樂
즐거울 락   **보금자리** 살기에 편안하고 아늑한 곳을 비유적으로 이르는 말.   **인권** 인간으로서 당연히 가
지는 기본적 권리. 人 사람 인 權 권리 권   **침해** 침범하여 해를 끼침. 侵 침범할 침 害 해할 해   **구제** 자연
적인 재해나 사회적인 피해를 당하여 어려운 처지에 있는 사람을 도와줌. 救 도울 구 濟 도울 제   **고문** 숨기
고 있는 것을 강제로 알아내기 위하여 육체적, 정신적 고통을 주며 묻는 행위. 拷 때릴 고 問 물을 문   **난민**
전쟁이나 재난 따위를 당하여 곤경에 빠진 백성. 難 어려울 난 民 백성 민   **집회** 여러 사람이 어떤 목적을
위하여 일시적으로 모임. 集 모일 집 會 모일 회   **시위** 요구 조건을 이루려고 많은 사람이 무리 지어 공개적
인 장소에서 자신들의 주장을 펴는 행위. 示 보일 시 威 힘 위   **지부** 본부의 관리 아래 일정한 지역에 설치
하여 그 지역의 사무를 맡아보는 곳. 支 가지 지 部 부서 부   **구호** 재해나 재난 따위로 어려움에 처한 사람
을 도와 보호함. 救 도울 구 護 도울 호

1

다음 비정부 기구에 대한 설명으로 <u>틀린</u> 것을 고르세요.

① 그린피스는 네덜란드 암스테르담에 국제 본부를 두고 있다.

② 해비타트는 밀라드 풀러 부부가 1976년에 미국에서 만든 비정부 기구다.

③ 국경 없는 의사회는 전쟁, 질병, 자연재해 등으로 고통받는 사람들을 돕기 위해 설립되었다.

④ 우리나라에도 국제 앰네스티 지부가 있다.

⑤ 굿네이버스는 1991년에 영국인 변호사 피터 베넨슨이 만든 비정부 기구다.

2

다음 중 그린피스의 창설 목적을 고르세요.

① 학대 아동 보호.

② 환경 보호.

③ 집회와 시위의 자유 보장.

④ 사형 제도 폐지.

⑤ 질병 치료를 위한 의료 지원.

3 이 글을 읽고 노벨 평화상을 받은 비정부 기구 두 개를 빈칸에 쓰세요.

내용
파악

	,	

4 다음 중 1991년에 우리나라에서 만들어진 비정부 기구를 고르세요.

내용
파악

① 그린피스　　　　　② 국제 앰네스티　　　　　③ 굿네이버스

④ 국경없는의사회　　　⑤ 해비타트

5 다음 사진 속 활동과 관련한 비정부 기구를 쓰세요.

적용

6 앞 글과 다음 설명을 읽고 틀린 말을 한 사람을 고르세요.

적용

　'국제기구'는 어떤 국제적인 목적, 활동을 위해서 두 나라 이상이 회원국으로 구성된 조직체입니다. 국제기구에는 전쟁을 막고 세계의 평화를 위해 활동하는 국제 연합(UN), 전 세계의 굶주리는 아이들을 위한 유엔 아동 기금(UNICEF), 유럽의 정치 · 경제 통합을 위해 만든 유럽 연합(EU), 석유를 수출하는 나라들이 자신들의 이익을 지키기 위해 만든 석유 수출국 기구(OPEC) 등이 있습니다.

① 연재: 세계 여러 나라가 인류의 건강을 위해 만든 세계 보건 기구(WHO)는 비정부 기구야.

② 주상: 비정부 기구와 국제기구는 형태가 서로 달라도 단체의 목적이나 활동은 같을 수 있어.

③ 아름: 국제기구는 정부가 조직을 만든다는 게 비정부 기구와 다른 점이야.

④ 명준: 교통과 통신이 발달하고 국제 무역이 증가할수록 국제기구의 중요성도 커질 것 같아.

⑤ 새롬: 국제 문제를 해결할 때 비정부 기구와 국제기구가 서로 협력하면 더 좋을 것 같아.

어휘력 기르기

1단계　다음 낱말들의 뜻을 바르게 이으세요.

(1) 창설　●

(2) 침해　●

(3) 시위　●

● ㉠ 요구 조건을 이루려고 많은 사람이 무리 지어 공개적인 장소에서 자신들의 주장을 펴는 행위.

● ㉡ 침범하여 해를 끼침.

● ㉢ 기구, 단체, 조직 등을 처음으로 설치하거나 설립함.

2단계　다음 문장의 빈칸에 알맞은 낱말을 위에서 찾아 쓰세요.

(1) 아버지께서 지난달에 축구팀을 [　　　　　] 하셨다.

(2) 우리 동네 뒷산의 터널 공사를 반대하는 [　　　　　] 에 어머니께서 참여하셨다.

(3) 누구도 인권을 [　　　　　] 해서는 안 된다.

3단계　다음 설명을 읽고 '구제'와 비슷한 뜻을 가진 단어를 앞 글에서 찾아 쓰세요.

(1)　　**구제**: 자연적인 재해나 사회적인 피해를 당하여 어려운 처지에 있는 사람을 도와줌.

[　　　　　]

　　조선은 1876년에 일본과 강제로 맺은 **강화도 조약**으로 인하여 **개항**을 하고 **개화** 정책을 추진하게 되었습니다. 이후 조선은 ㉠ 서양의 여러 나라와 조약을 맺으며 교류를 시작했습니다.

　　조선에서는 개화 정책을 어떻게 추진할 것인지에 대하여 의견이 둘로 나뉘었습니다. 김홍집, 김윤식, 어윤중, 심순택 등은 조선을 천천히 개화해야 한다는 '온건 개화파'였습니다. 이들은 조선의 법과 제도를 바탕으로 **점진적인** 개화를 추진하면서 청나라와의 관계를 계속 유지해야 한다고 주장했습니다.

　　반대로, 김옥균을 비롯하여 박영효, 서광범, 서재필 등은 조선을 보다 적극적으로 개화해야 한다고 주장했습니다. 이들은 '급진 개화파'라고 불렸습니다. 급진 개화파는 서양의 과학 기술은 물론, 근대적인 사상과 제도를 도입하여 나라 전체를 개혁해야 한다고 생각했습니다. 또 청나라와 관계를 끊자고 주장하였습니다.

　　1882년에 일어난 **임오군란**으로, 조선에 대한 청나라의 간섭은 더욱 심해졌습니다. 적극적인 개혁이 힘들어지자, 김옥균을 중심으로 한 급진 개화파는 일본의 도움을 약속받고 1884년에 **우정총국** 건물의 완공을 기념하는 행사에서 갑신정변을 일으켰습니다. 이들은 자신들과 의견이 다른 정부 관리들을 살해한 뒤 권력을 잡았습니다. 이어서 새 정부를 설립하여, 청나라에 바치던 **조공**을 없애고 조선의 **자주독립**을 선언했습니다. 또 신분제를 없애고 능력에 따라 인재를 선발하며, 세금 제도를 개혁하고 부패한 관리를 처벌하자는 개혁안을 발표했습니다.

　　갑신정변이 일어나 급진 개화파가 정권을 잡자 청나라는 이에 반대하며 조선에 군대를 보내왔습니다. 그러나 도움을 약속했던 일본은 자신들의 입장이 불리해지자 약속을 어기고 군대를 철수했습니다. 결국 갑신정변은 3일 만에 실패로 돌아갔고, 정변을 이끌었던 김옥균과 동료들은 일본으로 **망명**하였습니다. 이후 청나라는 조선의 정치에 더욱 간섭하게 되었고, 조선을 두고 일본과 더 심하게 세력 다툼을 벌였습니다.

　　갑신정변은 우리나라가 근대 국가를 수립하려는 최초의 시도였습니다. 하지만 너무 급하게 시도한 나머지 백성들의 지지를 받지 못했고, 국제 **정세**를 제대로 파악하지 못했기에 정변은 실패로 돌아가고 말았습니다. 또 그 과정에서 일본의 힘을 빌리려 하여 다른 세력들이 우리나라에 들어오게 되었다는 부정적 결과를 낳았습니다.

강화도 조약 1876년에 조선과 일본 사이에 맺은 조약. 군사력을 동원한 일본의 강압으로 맺어진 불평등 조약이었으며, 이 조약에 따라 당시 조선은 부산 외에 인천, 원산의 두 항구를 개항하게 되었다. 條 법규 조 約 맺을 약　**개항** 외국과 무역을 할 수 있게 항구를 개방하여 외국 선박의 출입을 허가함. 開 열 개 港 항구 항 **개화** 사람의 지혜가 열려 새로운 사상, 문물, 제도 따위를 가지게 됨. 開 열 개 化 될 화　**점진적인** 조금씩 앞으로 나아가는. 漸 점점 점 進 나아갈 진 的 과녁 적　**임오군란** 1882년인 임오년에, 구식 군대의 군인들이 신식 군대인 별기군과의 차별 대우와 밀린 임금에 불만을 품고 군제 개혁에 반대하며 일으킨 난리. 軍 군사 군 亂 난리 란　**우정총국** 우편 행정 업무를 담당하던 우리나라 최초의 관청. 郵 우편 우 征 구실 정 總 합할 총 局 관청 국　**조공** 지배를 받는 나라가 지배하는 나라에 예의를 갖추어 보내는 돈이나 물건. 朝 조정 조 貢 바칠 공　**자주독립** 국가 따위가 다른 나라의 간섭을 받거나 다른 나라에 의존하지 아니하고 자주권(아무런 속박이나 간섭을 받지 아니하고 스스로의 문제를 스스로 결정하고 처리할 수 있는 권리)을 가지는 일. 自 스스로 자 主 주인 주 獨 홀로 독 立 설 립　**망명** 혁명 또는 그 밖의 정치적인 이유로 자기 나라에서 박해받고 있거나 박해받을 위험이 있는 사람이 이를 피하려고 외국으로 몸을 옮김. 亡 달아날 망 命 목숨 명　**정세** 정치상의 방향이나 상황. 政 정사 정 勢 형세 세

1

핵심어

이 글에서 가장 중심이 되는 말을 고르세요.

① 강화도 조약　　　② 임오군란　　　③ 갑신정변

④ 개항　　　⑤ 급진 개화파

2

내용
파악

이 글의 내용과 <u>다른</u> 것을 고르세요.

① 1876년에 조선은 일본과 강화도 조약을 맺었다.

② 임오군란 이후로 조선에 대한 청나라의 간섭은 더 심해졌다.

③ 1884년에 우정총국 건물의 완공을 기념하는 행사에서 갑신정변이 일어났다.

④ 갑신정변은 온건 개혁파가 일으킨 사건이었다.

⑤ 갑신정변은 3일 만에 실패로 돌아갔고, 정변을 주도했던 사람들은 일본으로 망명하였다.

3

내용
파악

다음 중 급진 개화파에 속하지 <u>않는</u> 인물을 고르세요.

① 김옥균　　　② 박영효　　　③ 서광범

④ 김윤식　　　⑤ 서재필

4 청나라는 조선의 급진 개화파를 어떻게 생각했을까요? 가장 적절한 것을 고르세요.

추론

① 우리 청나라가 그렇게 도와주었는데, 우리가 도움을 요청할 때에는 들은 척도 안 하는 군.

② 우리 청나라에 조공을 안 보내고, 독립을 위해 일본에 도움을 요청하다니, 괘씸하군.

③ 우리 청나라가 조공을 너무 많이 거두어들였나 보군. 급진 개화파의 말이 옳아.

④ 급진 개화파가 저렇게 도와주고 있으니 우리 청나라도 저들의 말을 들어주어야겠어.

⑤ 급진 개화파가 어려움을 겪고 있으니 우리 청나라가 도와주어야겠군.

5 갑신정변의 한계를 고르세요.

내용
파악

① 개혁을 급하게 시도하는 과정에서 백성들의 지지를 받지 못해 실패하고 말았다.

② 서양의 근대적인 사상과 제도의 도입만을 중시한 나머지 조선의 독립은 소홀히 했다.

③ 신분제의 폐지와 세금 제도의 개혁에는 소극적인 모습을 보였다.

④ 청나라 사람들이 주도하여 일으켰다.

⑤ 개혁 과정에서 청나라의 힘을 빌리려 하여 일본이 우리나라에 침입했다.

6 ㉠에 해당하지 <u>않는</u> 나라를 고르세요.

배경
지식

① 미국　　　　　　② 영국　　　　　　③ 독일

④ 프랑스　　　　　⑤ 인도

7 다음은 무엇을 설명하고 있는지 해당하는 말을 앞 글에서 찾아 쓰세요.

어휘

> 조선 후기 우리나라 최초로 우편 행정 업무를 담당하던 관청이다. 1884년 3월 27일에 설치되어 업무 준비를 마친 뒤 10월 1일에 처음으로 업무를 시작하였다. 같은 해 10월 17일에는 이 관청에서 갑신정변이 일어났다. 갑신정변 이후에도 우편 업무를 계속 담당하다가 11월 20일에 폐쇄되었다.

어휘력 기르기

8 문제 가운데 (　　　) 문제 맞힘

1단계　다음 낱말들의 뜻을 바르게 이으세요.

(1) 정세　•

(2) 망명　•

(3) 조공　•

• ㉠ 정치상의 방향이나 상황.

• ㉡ 지배를 받는 나라가 지배하는 나라에 예의를 갖추어 보내는 돈이나 물건.

• ㉢ 혁명 또는 그 밖의 정치적인 이유로 자기 나라에서 박해받고 있거나 박해받을 위험이 있는 사람이 이를 피하려고 외국으로 몸을 옮김.

4주 / 17회

2단계　다음 문장의 빈칸에 알맞은 낱말을 위에서 찾아 쓰세요.

(1) 국내 _____ 가 불안하니 경제까지 흔들리고 있다.

(2) 정변이 실패하자 김옥균은 일본으로 _____ 했다.

(3) 조선은 청나라에 _____ 을 바쳤다.

3단계　다음 설명을 읽고 괄호 안에 들어갈 낱말에 동그라미 하세요.

> **개화**: 사람의 지혜가 열려 새로운 사상, 문물, 제도 따위를 가지게 됨.
>
> **개혁**: 제도나 기구 따위를 새롭게 뜯어고침.

(1) 그들은 일찍이 (개화 / 개혁)하여 새로운 학문을 배웠다.

(2) 새 정부는 잘못된 제도를 (개화 / 개혁)하는 데에 온 힘을 기울였다.

전봉준은 조선 말기인 1855년, 전라북도 고창군에서 태어났습니다. 어렸을 때에는 몸이 **왜소하여** 사람들에게 '녹두'라 불렸는데, 이는 **훗날** '녹두 장군'이라고 불리는 **계기**가 되었습니다.

전봉준의 아버지 전창혁은 마을 **탐관오리**의 **횡포**에 저항하다가 목숨을 잃었습니다. 전봉준은 아버지의 억울한 죽음을 보면서 조선 사회를 개혁하기로 마음먹었습니다. 그래서 1890년 즈음 **동학**에 **입교**하였습니다. 얼마 지나지 않아 전봉준은 전라도 고부의 동학 **접주**에까지 올랐습니다.

그즈음 고부 군수 조병갑은 농민들에게서 세금을 지나치게 많이 거둬들이고, **부정부패**를 일삼았습니다. 계속되는 횡포에 농민들은 여러 번 **관아**를 찾아가 억울함을 호소했지만, 조병갑은 오히려 농민들을 감옥에 가두고 엄한 형벌을 내렸습니다.

1894년 1월, 전봉준은 농민들과 동학교도를 이끌고 고부 관아를 습격하였습니다. 그리고 **세곡**을 창고에서 꺼내어 백성들에게 나눠 주었습니다. 이 사건을 '고부 민란'이라고 부릅니다. 이 소식을 접한 조선 정부는 조병갑을 비롯하여 부정부패를 일삼던 관리들을 처벌했습니다.

하지만 새로 온 관리가 이 사태의 책임을 동학교도에게 돌렸습니다. 그래서 같은 해 3월에 '동학 농민운동'이 일어났습니다. 전봉준의 연락을 받은 인근 지역 접주들과 동학교도, 농민들이 고부에 있는 백산 근처로 모여들었습니다. 그곳에 모인 사람들의 수는 1만 명을 넘었습니다. 전봉준은 사람들 앞에 나와 크게 외쳤습니다.

"백성을 괴롭히는 부패 세력들과 외국 세력들을 몰아내고 이 나라를 바로 세웁시다!"

동학 농민군은 **관군**을 물리치며 전라도의 여러 지역을 장악했습니다. 이에 위기를 느낀 조선 정부는 청나라에 지원군을 요청하였습니다. 청나라가 조선에 지원군을 보내오자 **톈진 조약**을 핑계로 일본군까지 조선에 들어왔습니다.

전봉준은 자신들의 개혁안을 정부가 받아들이면 동학 농민군을 해산하겠다는 뜻을 밝혔습니다. 1894년 5월 7일, 전쟁이 지속되기를 원치 않았던 정부는 동학 농민군과 '**전주 화약**'을 맺었습니다. 전봉준은 전라도 지역에 **집강소**를 설치하여, 개혁을 위해 노력하게 하였습니다.

그런데 조선에 들어온 일본은 조선을 점령하려는 욕심을 강하게 드러내며

청일전쟁을 일으켰습니다. 1894년 9월, 조선의 운명을 걱정한 전봉준은 '2차 동학 농민 운동'을 일으켰습니다. 이번에는 전라도 지역뿐 아니라, 전국의 농민들과 동학교도까지 모였습니다. 하지만 신식 무기로 무장한 일본군에게 동학 농민군은 **속수무책**으로 당할 수밖에 없었습니다. 전봉준은 일단 동학 농민군을 해산한 뒤 훗날을 기약했습니다.

그러나 그해 12월, 피신 생활을 하던 전봉준은 부하의 배신으로 일본군에게 붙잡히고 말았습니다. 이듬해인 1895년, 전봉준은 재판에서 사형을 **선고**받은 뒤 삶을 마감하였습니다.

왜소하여 몸이 작고 초라하여. 矮 작을 왜 小 작을 소　　**훗날** 시간이 지나 뒤에 올 날.　　**계기** 어떤 일이 일어나거나 변하도록 만드는 결정적인 원인이나 기회. 契 들어맞을 계 機 계기 기　　**탐관오리** 백성의 재물을 탐내어 빼앗는, 행실이 깨끗하지 못한 관리. 貪 탐낼 탐 官 벼슬아치 관 汚 나쁠 오 吏 관리 리　　**횡포** 제멋대로 굴며 몹시 난폭함. 橫 방자할 횡 暴 난폭할 포　　**동학** 19세기 중엽에 탐관오리의 수탈과 외세의 침입에 저항하여, 최제우가 세상과 백성을 구하려는 뜻으로 세운 민족 종교. 東 동녘 동 學 학문 학　　**입교** 종교를 믿기 시작함. 入 들 입 敎 종교 교　　**접주** 동학에서, 접(동학에서 나눈 구역)의 우두머리. 接 이을 접 主 우두머리 주　　**부정부패** 바르지 못하고 잘못된 길로 빠짐. 不 아닐 부 正 바를 정 腐 썩을 부 敗 썩을 패　　**관아** 예전에, 벼슬아치들이 모여 나랏일을 처리하던 곳. 官 벼슬 관 衙 관아 아　　**세곡** 나라에 세금으로 바치는 곡식. 稅 세금 세 穀 곡식 곡　　**관군** 예전에, 국가에 소속되어 있던 정규 군대. 官 관청 관 軍 군대 군　　**톈진 조약** 1885년에 중국의 톈진에서 일본과 청나라가 맺은 조약. 일본군과 청나라군이 조선에서 군대를 철수할 것과 군대를 다시 파견할 때에는 서로에게 미리 알릴 것을 합의하였다.　　**전주 화약** 1894년 동학 농민 운동 당시 동학 농민군이 전주를 점령하고 정부와 맺은 조약. 和 화해할 화 約 약속할 약　　**집강소** 조선 후기에, 동학 농민 운동 때 동학 농민군이 전라도 지방에 설치한 자치적 개혁 기구. 執 다스릴 집 綱 다스릴 강 所 장소 소　　**속수무책** 손을 묶은 것처럼 어찌할 도리가 없어 꼼짝 못함. 束 묶을 속 手 손 수 無 없을 무 策 꾀 책　　**선고** 재판장이 판결을 알리는 일. 宣 밝힐 선 告 알릴 고

1

내용
파악

전봉준의 어렸을 때 별명을 이 글에서 찾아 쓰세요.

[　　　　　　]

2

내용
파악

전봉준이 1890년에 입교한 종교는 무엇인가요?

[　　　　　　]

3

내용
파악

'전주 화약'이 언제 일어났나요?

[　　　] 년 [　] 월 [　] 일

4 전봉준에 대한 설명 중 **틀린** 것을 고르세요.

내용
파악

① 어렸을 때 몸이 왜소하였다.

② 탐관오리 조병갑에게서 세곡을 빼앗아 백성들에게 나눠 주었다.

③ 1894년에 일어난 '동학 농민 운동'을 이끌었다.

④ 전라도 지역의 농민들과 동학교도만으로 '2차 동학 농민 운동'을 일으켰다.

⑤ 부하의 배신으로 일본군에게 붙잡혔다.

5 친구들이 대화를 나누었습니다. 앞 글과 **관계없는** 감상을 말한 사람을 찾으세요.

감상

① 구현: 전봉준과 전창혁 모두 불의를 참지 않는 사람 같아.

② 지태: 조선 말기의 백성들은 탐관오리들의 착취로 정말 살기 힘들었을 것 같아.

③ 윤지: 계속해서 관군을 공격한 걸 보면 전봉준은 조선을 싫어한 게 틀림없어.

④ 솔비: 부하에게 배신당한 전봉준은 마음이 무척 아팠을 거야.

⑤ 재연: 우리나라를 빼앗으려고 욕심을 부린 일본 때문에 화가 났어.

6 다음은 전봉준과 관련한 민요 〈새야 새야〉입니다. 이 민요를 **잘못** 풀이한 사람을 고르세요.

적용

새야 새야 파랑새야

녹두밭에 앉지 마라

녹두꽃이 떨어지면

청포 장수 울고 간다

– 민요, 〈새야 새야〉

① 지민: 당시에 푸른 군복을 입었던 일본군을 '파랑새'로 나타낸 것 같아.

② 성현: '녹두밭'은 녹두 장군 전봉준과 동학 농민군을 말하는 거 아닐까?

③ 재윤: 녹두꽃이 떨어진다는 건 녹두 장군 전봉준이 죽는다는 표현 같아.

④ 태호: '청포 장수'는 전봉준을 돕던 청나라군을 말하는 거야.

⑤ 준승: 이런 민요가 만들어진 걸 보면 백성들이 전봉준을 무척 존경했던 것 같아.

1단계   다음 낱말들의 뜻을 바르게 이으세요.

(1) 계기 •

     • ㉠ 어떤 일이 일어나거나 변하도록 만드는 결정적인 원인이나 기회.

(2) 횡포 •

     • ㉡ 재판장이 판결을 알리는 일.

(3) 선고 •

     • ㉢ 제멋대로 굴며 몹시 난폭함.

2단계   다음 문장의 빈칸에 알맞은 낱말을 위에서 찾아 쓰세요.

(1) 판사는 장 발장에게 징역 5년을 [   ] 하였다.

(2) 탐관오리의 [   ] 가 심해져 백성들이 괴로움을 겪고 있다.

(3) 3·1운동을 [   ] 로 많은 신문이 발행되기 시작했다.

3단계   다음 문장에서 맞춤법에 어긋난 부분에 밑줄을 긋고 바르게 고치세요.

(1) 유준이는 체구는 외소하지만 체력은 누구보다 뛰어나다.

_____

(2) 정부는 부정부폐를 일삼는 공무원을 불러 조사했다.

_____

(3) 조병갑은 백성들에게서 세금을 가혹하게 거더들였다.

_____

돌담에 속삭이는 햇발

김영랑

돌담에 ㉠ 속삭이는 햇발같이
풀 아래 웃음 짓는 샘물같이
내 마음 **고요히** 고운 봄 길 위에
오늘 하루 하늘을 **우러르고** 싶다.

새악시 볼에 떠 오는 부끄럼같이
시의 가슴에 **살포시** 젖는 물결같이
보드레한 에메랄드 얇게 흐르는
실비단 하늘을 바라보고 싶다.

돌담 돌을 쌓아서 만든 담.　**햇발** 여러 방향으로 뻗치는 햇살.　**고요히** 조용하고 차분하게.　**우러르고** 위를 향해 고개를 들고.　**새악시** '새색시(갓 결혼한 여자)'의 사투리.　**살포시** 포근하게 살며시.　**보드레한** 꽤 보드라운 느낌이 있는.　**에메랄드** 투명한 초록빛을 띤 보석. emerald　**실비단** 가는 실로 짠 비단.

1 내용 파악

이 시에 대한 설명으로 적절하지 <u>않은</u> 것을 고르세요.

① 시간적 배경은 '봄'이다.

② 2연 8행으로 이루어졌다.

③ 사람이 아닌 것을 사람처럼 표현했다.

④ 한 행을 세 부분으로 끊어 읽을 수 있다.

⑤ 1연은 질문, 2연은 대답으로 구성되었다.

2 주제

시의 주제가 드러난 시행을 고르세요.

① 돌담에 속삭이는 햇발같이

② 내 마음 고요히 고운 봄 길 위에

③ 오늘 하루 하늘을 우러르고 싶다

④ 새악시 볼에 떠오르는 부끄럼같이

⑤ 보드레한 에메랄드 얇게 흐르는

3 구조

이 시는 1연과 2연의 구성이 같습니다. 괄호 안에 알맞은 낱말을 넣어 표를 완성하세요.

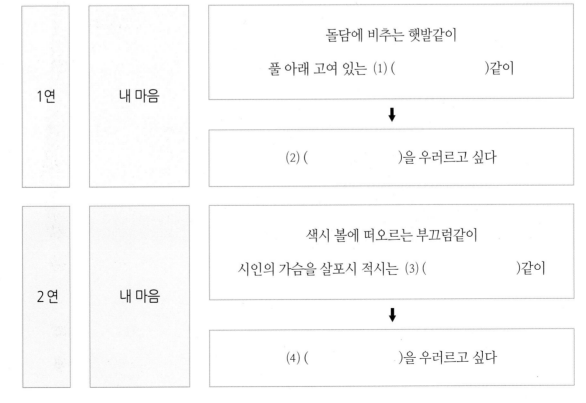

1연	내 마음	돌담에 비추는 햇발같이 풀 아래 고여 있는 (1) ( )같이
		↓
		(2) ( )을 우러르고 싶다

2연	내 마음	색시 볼에 떠오르는 부끄럼같이 시인의 가슴을 살포시 적시는 (3) ( )같이
		↓
		(4) ( )을 우러르고 싶다

4 이 시의 분위기와 가장 어울리는 표현을 고르세요.

추론
① 밝고 조용하다.

② 어둡고 무섭다.

③ 울적하고 우울하다.

④ 신나고 재미있다.

⑤ 시끄럽고 활기차다.

5 ㉠에 쓰인 감각을 고르세요.

표현
① 시각   ② 청각   ③ 미각

④ 촉각   ⑤ 후각

6 왼쪽은 비유법에 대한 설명입니다. 설명에 알맞은 표현을 찾아 짝지으세요.

표현

(1) **의인법:** 사람이 아닌 것을 사람처럼 나타내는 비유법.   •   • ㉠ 새악시 볼에 떠 오는 부끄럼같이

(2) **직유법:** 비슷한 성질을 가진 두 사물을 '같이', '처럼' 등을 사용하여 나타내는 비유법.   •   • ㉡ 풀 아래 웃음 짓는 샘물

7 이 시와 가장 잘 어울리는 감상을 말한 사람은 누구인가요?

감상
① 유정: 지난날을 후회하는 마음이 느껴져.

② 태준: 힘든 현실을 극복하려는 강한 의지를 느꼈어.

③ 나은: 밝고 따뜻한 봄 풍경이 마음속에 그려지는 것 같아.

④ 재헌: 떠나간 사람을 그리워하는 마음을 느낄 수 있어.

⑤ 지우: 자신의 처지를 슬퍼하며 괴로워하는 것 같아.

1단계   다음 낱말의 뜻을 찾아 줄로 이으세요.

(1) 돌담   ●

(2) 살포시   ●

(3) 보드레한   ●

● ㉠ 포근하게 살며시.

● ㉡ 돌을 쌓아서 만든 담.

● ㉢ 꽤 보드라운 느낌이 있는.

2단계   위에서 배운 낱말을 빈칸에 넣어 문장을 완성하세요.

(1) 나는 아기의 [   ] 얼굴을 만져 보았다.

(2) 어머니께서 나를 [   ] 안아 주셨다.

(3) 봄이 오자 [   ] 옆에 채송화가 피었다.

3단계   다음 설명을 읽고, 밑줄 친 낱말의 뜻을 찾아 번호를 쓰세요.

바라보다	① 무엇을 바로 향하여 보다.
	② 어떤 일에 기대나 희망을 가지다.
	③ 어떤 나이에 가까워지다.

(1) 할아버지는 여든을 <u>바라보는</u> 연세에도 마라톤을 뛰신다.   (　　　)

(2) 동점 골을 넣으면서 우리는 승리를 <u>바라볼</u> 수 있게 되었다.   (　　　)

(3) 다혜는 떠오르는 해를 <u>바라보며</u> 각오를 다졌다.   (　　　)

옛날 옛적에 하늘과 땅이 열리며 세상이 만들어졌습니다. 이때 하늘과 땅에 온갖 날짐승과 들짐승이 생겨나 흩어져 살게 되었습니다.

꿩은 다른 날짐승들과 달리 잘 날지 못하였습니다. 그래서 이곳저곳 걸어 다니며 땅에 떨어진 곡식이나 열매를 주워 먹고 살았습니다. 꿩 수컷과 암컷은 생김새와 이름이 다릅니다. 화려한 깃털에 목에는 흰 줄이 있는 수컷을 장끼, 갈색 깃털에 검은 무늬만 있는 암컷을 까투리라고 부릅니다. 꿩의 고기와 깃털은 인기가 아주 많아 꿩을 사냥하려는 사람들이 무척 많았습니다. 그래서 꿩들은 먹이를 구할 때 항상 조심스러웠습니다.

몹시 추운 어느 겨울날, 꿩 부부가 눈이 쌓인 들판에서 먹이를 찾고 있었습니다. 부부에게는 아홉 아들과 열두 딸이 있었습니다. **가뜩이나** 먹이를 구하기 힘든 한겨울에 이런 대가족을 먹여 살리려니 ㉠<u>부부는 눈앞이 캄캄했습니다</u>. 그런데 들판을 열심히 둘러보며 앞서 걸어가던 장끼가 하얗게 쌓인 눈 위에서 큼지막한 콩 한 알을 찾았습니다.

"여보! 여기 먹음직스러운 콩알이 하나 있소. 하늘에서 내게 복을 내려 주셨구려!"

장끼가 콩알을 먹으려던 순간, 까투리가 황급히 말렸습니다.

"잠깐만 기다려 보세요. 아무래도 수상해요. 콩알 주변만 눈을 빗자루로 치운 흔적이 있잖아요. 사람이 우리를 잡으려고 콩알을 가져다 놓은 게 분명해요."

그러나 장끼는 까투리의 말에 콧방귀를 뀌며 한참 웃다가 말했습니다.

"이 **엄동설한**에 누가 이런 산속까지 온단 말이오? 멍청한 소리 좀 그만하시오."

"제가 간밤에 꾼 꿈이 너무도 **불길하니** 아무래도 이 콩알은 건들지 않는 게 좋겠어요."

까투리는 자기 꿈 이야기까지 하면서 막으려고 했으나 남편은 **막무가내**였습니다.

"마침 꿈 이야기 잘했구려. 나도 간밤에 정말 기가 막히는 꿈을 꾸었거든. 그 꿈을 생각하니 이 콩알은 분명 하늘이 나에게 내려 준 선물이 틀림없소."

하지만 까투리는 포기하지 않고 계속해서 장끼를 말렸습니다. 장끼는 자꾸 자신을 막는 까투리에게 화가 나 버럭 소리를 질렀습니다.

"당신이 뭘 안다고 **사내대장부** 하는 일에 자꾸 참견하시오! 내가 당장 굶어 죽을 지경인데 그까짓 꿈이 뭔 **대수**라고 자꾸 헛소리만 해 대는지 정말 답답해 죽겠소."

장끼가 한 걸음 더 콩알로 다가서자 까투리는 마지막으로 남편을 붙잡았습니다.

"여보, 제발 부탁이니 그 콩알을 건들지 마세요."

장끼는 **절박하게** 매달리는 까투리를 차갑게 뿌리치며 성큼성큼 걸어가 부리로 콩알을 물었습니다. 그 순간 우르릉 땅이 울리는 소리와 함께 커다란 **덫**이 튀어나오더니 장끼의 몸을 **와락** 덮쳤습니다. 당황한 장끼가 아무리 발을 버둥거리고, 날개를 푸드덕거리며 애를 써도 덫이 얼마나 강한지 **옴짝달싹할** 수조차 없었습니다.

"아이고, 이 일을 어째! 그러게, 내가 뭐랬어요. 진작 내 말을 들었으면 이런 일을 당하지 않았을 터인데……. 자기 고집만 부리더니 이게 무슨 일이래요. 당신이 이대로 떠나면 남은 우리 가족들은 어찌 살라고……."

까투리는 덫에 걸린 남편을 보며 자리에 주저앉아 **하염없이** 눈물만 흘렸습니다.

- 소설, 〈장끼전〉

가뜩이나 그러지 않아도 매우.　**엄동설한** 눈 내리는 깊은 겨울의 심한 추위. 嚴 심할 엄 冬 겨울 동 雪 눈 설 寒 추울 한　**불길하니** 운이 좋지 않거나 일이 예사롭지 않으니. 不 아닐 불 吉 좋을 길　**막무가내** 달리 어찌할 수 없음. 莫 없을 막 無 없을 무 可 어찌할 가 奈 어찌 내　**사내대장부** 대장부(건장하고 씩씩한 사내)를 강조하여 이르는 말. 大 클 대 丈 어른 장 夫 사내 부　**대수** 대단한 것.　**절박하게** 어떤 일이나 때가 가까이 닥쳐서 몹시 급하게. 切 절박할 절 迫 닥칠 박　**덫** 짐승을 꾀어 잡는 기구.　**와락** 갑자기 행동하는 모양.　**옴짝달싹할** 몸을 아주 조금 움직일.　**하염없이** 걱정에 싸여 멍하니 이렇다 할 만한 아무 생각이 없이.

1

핵심어

이 글에서 꿩 부부 사이에 갈등을 일으키는 소재를 본문에서 찾아 쓰세요.

[   ]

2

내용
파악

꿩에 대한 설명으로 <u>틀린</u> 것을 고르세요.

① 잘 날지 못한다.

② 들에 떨어진 곡식이나 열매를 주워 먹으며 산다.

③ 수컷은 장끼, 암컷은 까투리라고 불린다.

④ 고기와 깃털은 사람들에게 인기가 많다.

⑤ 재빨라서 사냥꾼들을 피해 쉽게 먹이를 구할 수 있다.

3

내용
파악

이 글의 내용으로 옳은 것을 고르세요.

① 어느 무더운 여름날, 꿩 부부가 땀을 뻘뻘 흘리며 먹이를 찾고 있었다.

② 꿩 부부에게는 열두 아들과 아홉 딸이 있었다.

③ 장끼는 깊은 산속에서 열매가 잔뜩 열린 나무를 발견했다.

④ 까투리는 간밤에 꾸었던 불길한 꿈이 생각나서 장끼를 계속 말렸다.

⑤ 까투리가 콩알을 먹으려다가 덫에 걸리고 말았다.

4

표현

㉠에서 느껴지는 꿩 부부의 심정으로 가장 적절한 것을 고르세요.

① 기쁘다.   ② 걱정스럽다.   ③ 부끄럽다.

④ 행복하다.   ⑤ 희망적이다.

5

추론

까투리의 성격으로 알맞은 것을 고르세요.

① 고집불통이다.   ② 용감하다.   ③ 신중하다.

④ 정의롭다.   ⑤ 화가 많다.

6

적용

장끼의 말과 행동에 어울리는 사자성어를 고르세요.

① 안하무인 – 잘난 체하며 건방져 다른 사람을 업신여김.

② 반신반의 – 한편으로는 믿으면서도 다른 한편으로는 의심스러워함.

③ 전전긍긍 – 몹시 두려워서 벌벌 떨며 조심함.

④ 개과천선 – 지난날의 잘못이나 허물을 고쳐 올바르고 착하게 됨.

⑤ 자포자기 – 절망에 빠져 자신을 스스로 포기하고 돌아보지 아니함.

7

배경

이 글의 계절을 알 수 있는 말이 <u>아닌</u> 것을 고르세요.

① 몹시 추운 어느 겨울날   ② 눈이 쌓인 들판   ③ 한겨울

④ 엄동설한   ⑤ 하늘이 나에게 내려 준 선물

1단계   다음 낱말의 뜻을 찾아 선으로 이으세요.

(1) 막무가내 •

(2) 가뜩이나 •

(3) 하염없이 •

        • ㉠ 그러지 않아도 매우.

        • ㉡ 달리 어찌할 수 없음.

        • ㉢ 걱정에 싸여 멍하니 이렇다 할 만한 아무 생각이 없이.

2단계   다음 문장의 빈칸에 알맞은 낱말을 위에서 찾아 쓰세요.

(1) 어머니는 아들이 무사히 돌아오기만을 [   ] 기다렸다.

(2) [   ] 몸도 약한 애가 그렇게 무리했으니 병이 날 만도 하지.

(3) 현수는 화가 많이 났는지 [   ] 로 형에게 덤벼들었다.

3단계   다음 사진에 어울리는 낱말을 본문에서 찾아 쓰세요.

(1) [   ]   (2) [   ]

앙부일구는 1434년에 세종의 명에 따라 장영실, 이천 등이 만든 조선 시대의 **해시계**입니다. 사람들은 이 기구에 나타나는 그림자를 통하여 절기와 **시각**을 알 수 있었습니다. 세종은 앙부일구를 사람이 많이 다니는 거리에 설치하여 되도록 많은 백성이 계절과 시간을 알 수 있게 하였습니다. 이후에는 다양한 형태로 만들어져 궁궐은 물론이고 관청이나 양반 집에 이르기까지 널리 보급되었습니다.

앙부일구는 크게 시반과 받침대로 나뉩니다. 청동 같은 금속으로 가마솥처럼 만들어, 그 안에 여러 선을 그어 놓고 뾰족한 막대를 붙여 놓은 것이 '시반'입니다. 시반 안쪽에는 가로, 세로의 여러 선이 그어져 있습니다. 가로로 그어진 선 13개는 절기를 나타내는 '절기선'입니다. 그 가운데 ㉠ 맨 위쪽 선은 '동지선', ㉡ 맨 아래쪽 선은 '하지선'입니다. 가운데에는 '춘·추분선'이 위치합니다. 절기선과 수직을 이루며 세로로 그어진 선은 시각을 나타내는 '시각선'입니다. ㉢ 시각선의 기준은 11~13시를 나타내는 정중앙의 **오시선**입니다. 그 좌우에 2시간 간격으로 시간을 나타내는 선들이 새겨져 있습니다.

시반 한쪽에 **비스듬히** 세워져 있는 막대를 '영침'이라고 합니다. 햇빛이 영침을 비추면 그림자가 **드리워** 절기선과 시각선을 가리킵니다. 이를 통하여 사람들은 계절과 시간을 알 수 있었습니다.

시반 주위의 원형 테두리를 보면 절기선과 만나는 부분에 24절기의 이름이 나란히 적혀 있습니다. 그 바깥은 스물네 칸으로 나뉘어 **방위**를 알려 줍니다. 이 부분을 '지평환'이라고 합니다. 세종은 글자를 모르는 백성들을 배려하여 지평환에 한자 대신 ㉣ 12지신을 그림으로 나타낸 앙부일구를 만들기도 했습니다.

앙부일구의 **하부**에는 '받침대'가 있습니다. 시반 아래에는 시반을 받치고 있는 다리 네 개가 있습니다. 그 밑으로는 서로 교차하는 두 판이 다리 두 개씩에 연결되어 있습니다. 받침대에는 물을 채울 수 있는 **홈**이 있습니다. 이 홈은 앙부일구의 수평을 맞출 수 있게 합니다.

안타깝게도 세종 때 제작된 앙부일구는 임진왜란을 거치며 모두 **유실**되어 현재는 남아있지 않습니다. 오늘날까지 전해지는 앙부일구는 대부분 17세기 이후에 제작된 것으로 **추정**됩니다. 앙부일구는 조선 시대의 뛰어난 금속 공예와 **천문학** 수준을 보여 주는 과학 기구입니다. 정부는 그 가치를 인정하여 1985년에 보물 제845호로 지정하였습니다.

해시계 태양의 일주(일정한 경로를 한 바퀴 돎) 운동 때문에 생기는 물체의 그림자 길이와 위치 변화를 이용하여 시간을 재는 시계. 時 때 시 計 셀 계   **시각** 시간의 어느 한 지점. 時 때 시 刻 시각 각   **오시** 십이시의 일곱째 시. 오전 열한 시부터 오후 한 시까지이다. 午 정오 오 時 때 시   **비스듬히** 수평이나 수직이 되지 아니하고 한쪽으로 기운 듯하게.   **드리워** 빛, 어둠, 그늘, 그림자 따위가 뒤덮여.   **방위** 동서남북의 네 방향을 기준으로 하여 나타내는 어느 쪽의 위치. 方 방향 방 位 위치 위   **하부** 아래쪽 부분. 下 아래 하 部 구역 부   **홈** 물체에 오목하고 길게 팬 줄.   **유실** 가지고 있던 돈이나 물건을 잃어버림. 遺 잃을 유 失 잃을 실   **추정** 미루어 생각하여 판정함. 推 추측할 추 定 정할 정   **천문학** 우주 전체와 우주 안에 있는 여러 물체에 관한 온갖 현상을 연구하는 학문. 天 천체 천 文 학문 문 學 학문 학

1

내용
파악

앙부일구를 통하여 알 수 있는 것 두 개를 고르세요.

① 온도   ② 절기   ③ 습도

④ 강수량   ⑤ 시각

2

내용
파악

앙부일구에 있는 절기선은 총 몇 개인지 쓰세요.

⬚ 개

3

내용
파악

앙부일구를 구성하는 부분이 아닌 것을 고르세요.

① 시반   ② 영침   ③ 지평환

④ 가마솥   ⑤ 받침대

4

추론

ⓒ을 읽고 조선 시대에는 하루를 몇 시간으로 나누었을지 고르세요.

① 10시간   ② 11시간   ③ 12시간

④ 13시간   ⑤ 14시간

5

앙부일구에 대한 설명으로 <u>틀린</u> 것을 고르세요.

① 1434년에 세종의 명에 따라 만들어진 해시계이다.

② 사람이 많이 다니는 거리에 설치되었다.

③ 반원 모양의 시반에는 절기선이 세로로, 시각선이 가로로 그어져 있다.

④ 시반 한쪽에 비스듬히 세워져 있는 막대를 영침이라고 한다.

⑤ 시반을 받치고 있는 받침대 다리는 모두 네 개다.

6

㉠과 ㉡에 영침의 그림자가 있다면 각각 어느 계절일까요?

	㉠	㉡
①	겨울	봄
②	겨울	여름
③	여름	가을
④	여름	겨울
⑤	봄	가을

7

다음 중 ㉣에 속하지 <u>않는</u> 동물을 고르세요.

① 사자   ② 호랑이   ③ 토끼

④ 소   ⑤ 원숭이

8

다음을 읽고 빈칸에 들어갈 기구의 이름을 고르세요.

　　　　　는 앙부일구와 마찬가지로 조선 세종 때 발명된 과학 기구이다. 이 기구는 비가 온 양을 측정하기 위해 만들어졌다. 원통 모양의 그릇에 빗물을 받은 뒤 자로 그 깊이를 재서 강우량을 측정하였다. 조선은 1442년부터 강우량을 측정하여 기록하였는데 이는 서양보다 약 200년이나 빨랐다.

① 혼천의   ② 간의   ③ 첨성대

④ 자격루   ⑤ 측우기

1단계 다음 낱말들의 뜻을 바르게 이으세요.

(1) 하부 •   • ㉠ 아래쪽 부분.

(2) 홈 •   • ㉡ 물체에 오목하고 길게 팬 줄.

(3) 유실 •   • ㉢ 가지고 있던 돈이나 물건을 잃어버림.

2단계 다음 문장의 빈칸에 알맞은 낱말을 위에서 찾아 쓰세요.

(1) 빗물이 집으로 흘러들지 않도록 집 밖에 [   ] 을 파 두었다.

(2) 산불이 크게 나서 그 주변의 문화재들이 많이 [   ] 되었다.

(3) 앙부일구의 상부에는 시반이, [   ] 에는 받침대가 있다.

3단계 다음 설명을 읽고 밑줄 친 낱말의 뜻을 고르세요.

시각	① 시간의 어느 한 지점.
	② 사물을 관찰하고 파악하는 기본적인 자세.
	③ 눈을 통해 빛의 자극을 받아들이는 감각 작용.

(1) 헬렌 켈러는 어린 나이에 시각을 잃었다.   (   )

(2) 직원 간의 시각 차이로 그 문제는 도무지 해결될 기미가 보이지 않았다.   (   )

(3) 정은이는 약속한 시각에 정확하게 도착했다.   (   )

5주
21회

헌법은 다른 법의 기본이 되는 최고 법규입니다. 헌법에는 나라를 이끌어가는 기본 내용과 국민이라면 마땅히 누려야 할 권리가 담겨 있습니다. 이처럼 헌법으로 보장되는 기본적인 권리를 기본권이라고 합니다.

헌법에 있는 기본권 중에서, 평등권은 국민 모두가 법 앞에서 평등하여 정치·경제·사회 생활의 모든 면에서 차별받지 않을 권리를 말합니다. 즉 피부색이 다르거나 장애가 있어도 평등하게 일을 하고 교육을 받을 수 있습니다. 평등권은 다른 기본권 보장을 위한 **전제 조건**이 되는 중요한 권리입니다.

자유권이란 국가로부터 **간섭**을 받지 않고 자유롭게 행동할 수 있는 권리입니다. 대한민국 국민은 원하는 직업이나 종교를 가질 수 있고, 살고 싶은 곳에서 살다가 원하는 곳으로 이사를 할 수 있습니다. 이 외에도 **언론·출판·집회**의 자유 등도 자유권에 해당합니다.

참정권은, 국민이 국가의 정치에 참여할 수 있는 권리입니다. ㉠ 일정한 나이가 되면 누구나 국민의 대표를 뽑는 선거를 할 수 있으며, 국회의원이나 대통령, 지방 자치 단체장이 되어 정치를 할 수 있습니다.

청구권은, 자신의 권리가 **침해**되었을 때 어떤 행위를 요구할 수 있는 권리입니다. 자신이 억울한 일을 당했을 때, 재판을 받거나 국가 기관에 자기 의견을 전달할 수 있습니다. 국가의 잘못으로 손해를 입은 때에는 국가나 지방 자치 단체에 **배상**을 **청구**할 수도 있습니다.

마지막으로, 사회권은 국민이 인간답게 살 수 있도록 사회적 **보장책**을 국가에 요구할 수 있는 권리를 말합니다. 생존을 위한 기본권의 성격을 띠고 있어 '생활권'이라고 부르기도 합니다. 이러한 권리에는, 환경권(국민이 건강하고 쾌적한 환경에서 생활할 권리), 보건권(국민이 건강을 유지하는 데에 필요한 국가적 배려를 요구할 수 있는 권리), 교육권(국민이 능력에 따라 **균등한** 교육을 받을 권리), 근로권(국민이 뜻과 능력에 따라 일할 기회를 국가에 요구할 수 있는 권리) 등이 있습니다.

전제 조건 어떠한 일이나 주장이 성립하기 위해 앞서 이루어져야 하는 조건. 前 앞 전 提 이끌 제 條 가지 조 件 조건 건 **간섭** 직접 관계가 없는 남의 일에 부당하게 참견함. 干 간여할 간 涉 간섭할 섭 **언론** 매체를 통하여 어떤 사실을 밝혀 알리거나 어떤 문제에 대하여 사회의 공통된 의견을 형성하는 활동. 言 말 언 論 논할 론 **출판** 책이나 그림 따위의 저작물을 인쇄하여 세상에 내놓음. 出 내놓을 출 版 책 판 **집회** 사람이 어떤 목적을 위하여 일시적으로 모임. 集 모일 집 會 모일 회 **침해** 침범하여 해를 끼침. 侵 침범할 침 害 해할 해 **배상** 남의 권리를 침해한 사람이 그 손해를 물어 주는 일. 賠 물어줄 배 償 갚을 상 **청구** 남에게 일정한 돈이나 물건 따위를 요구함. 請 요구할 청 求 구할 구 **보장책** 어떤 일이 어려움 없이 이루어지도록 조건을 마련하여 보증하거나 보호하는 방책. 保 지킬 보 障 막을 장 策 계책 책 **균등한** 고르고 가지런하여 차별이 없는. 均 고를 균 等 같을 등

1

내용
파악

헌법에 대한 설명으로 틀린 것을 고르세요.

① 헌법은 다른 법의 기본이 되는 최고 법규이다.

② 나라를 이끌어가는 기본 내용이 담겨있다.

③ 국민이라면 마땅히 누려야 할 권리가 담겨있다.

④ 헌법으로 보장되는 기본적인 권리를 기본권이라 한다.

⑤ 헌법의 기본권에는 평등권, 자율권, 참정권, 청구권, 경제권이 있다.

2

내용
파악

다음 중 참정권을 가장 잘 설명한 문장을 고르세요.

① 국민이 건강하고 쾌적한 환경에서 생활할 권리.

② 국민이 건강을 유지하는 데에 필요한 국가적 배려를 요구할 수 있는 권리.

③ 국민이 일정한 나이가 되면 누구나 국민의 대표를 뽑는 선거를 할 수 있는 권리.

④ 국민이 뜻과 능력에 따라 일할 기회를 국가에 요구할 수 있는 권리.

⑤ 국민이 능력에 따라 균등한 교육을 받을 권리.

3

배경
지식

㉠에 해당하는 나이로 적절한 것을 고르세요.

① 만 7세   ② 만 12세   ③ 만 18세

④ 만 19세   ⑤ 만 20세

4

내용
파악

헌법에 있는 다른 기본권 보장의 전제 조건이 되는 권리를 고르세요.

① 근로권   ② 청구권   ③ 참정권

④ 평등권   ⑤ 교육권

5

내용
파악

사회권을 다른 말로 무엇이라 부르나요?

① 환경권   ② 생활권   ③ 보건권

④ 생존권   ⑤ 생명권

6

적용

다음 설명을 읽고 친구들끼리 대화를 나누었습니다. 옳지 <u>않은</u> 말을 한 친구를 고르세요.

> 헌법에는 국민이라면 마땅히 누려야 할 권리뿐 아니라, 그에 따라 마땅히 지켜야 할 의무도 담겨 있다.
>
> 1. 교육의 의무 - 모든 국민은 일정한 교육을 받아야 한다.
> 2. 납세의 의무 - 모든 국민은 세금을 성실하게 내야 한다.
> 3. 근로의 의무 - 모든 국민은 개인의 행복과 국가 발전을 위해 일을 해야 한다.
> 4. 국방의 의무 - 모든 국민은 나라를 지켜야 한다.
> 5. 환경 보전의 의무 - 모든 국민은 깨끗한 환경을 지키기 위해 노력해야 한다.
>
> 헌법에 나타난 권리와 의무는 서로 충돌하는 경우가 종종 있다. 이 둘은 서로 긴밀하게 연결되어 있기 때문이다.

① 은조: 정부가 개인의 땅을 개발하지 못하게 할 때 국민의 권리와 의무가 충돌해.

② 진주: 그 땅의 주인은 자기 재산을 자유롭게 사용할 수 있는 권리를 가지고 있어.

③ 상엽: 그게 헌법의 기본권 중 하나인 자유권 맞지?

④ 명찬: 맞아. 하지만 땅의 주인은 깨끗한 환경을 보전해야 하는 의무도 함께 갖고 있지.

⑤ 재연: 그런데 이렇게 기본권과 의무가 충돌하면 항상 기본권을 더 높게 생각해야 해.

1단계   다음 낱말들의 뜻을 바르게 이으세요.

(1) 간섭 •

(2) 출판 •

(3) 청구 •

     • ㉠ 책이나 그림 따위의 저작물을 인쇄하여 세상에 내놓음.

     • ㉡ 남에게 일정한 돈이나 물건 따위를 요구함.

     • ㉢ 직접 관계가 없는 남의 일에 부당하게 참견함.

2단계   다음 문장의 빈칸에 알맞은 낱말을 위에서 찾아 쓰세요.

(1) 동생은 내가 하는 일에 관심이 많아 자주 [   ] 한다.

(2) 외삼촌이 쓰신 책은 [   ] 되자마자 크게 인기를 끌었다.

(3) 나는 장난감을 망가뜨린 형에게 천 원을 [   ] 했다.

3단계   다음 설명을 읽고 비슷한 뜻을 가진 낱말을 고르세요.

(1)
> **배상**: 남의 권리를 침해한 사람이 그 손해를 물어 주는 일.
>
> 예 이 손해에 대한 배상의 책임은 국가에 있다.

① 보상   ② 비상   ③ 회상

④ 손상   ⑤ 예상

충주 고구려비에 대하여

저는 고구려 **문화유산**을 알아보다가 충주 고구려비에 흥미가 생겼습니다. 그래서 인터넷에서 자료를 찾아보고 내용을 정리해 보았습니다.

충주 고구려비는 우리나라에 유일하게 남은 고구려 **비석**입니다. 충주의 옛 이름인 '중원'을 따서 '중원 고구려비' 또는 '중원비'라고도 부릅니다.

이 비석은 충북 충주시 입석마을 입구에 세워져 있었습니다. 비석의 정체가 밝혀지기 전에는 마을의 **대장간** 기둥으로 사용되기도 했고, 마을 사람들에게 **신앙**의 대상이기도 했습니다. 그러다 1979년 한 역사 단체가 이 비석에서 고구려의 흔적을 발견하여 연구를 진행하였습니다. 이후 이 비석은 삼국 시대의 고구려 비석으로 인정받아 1981년에 **국보**(제205호)로 지정되었습니다. 현재는 충주 고구려비 전시관에 보관되어 있습니다.

충주 고구려비는 고구려 제20대 임금인 장수왕이 남한강 지역의 여러 성을 차지한 뒤에 이를 기념하기 위해 세운 비로 **추정**되고 있습니다. 충주는 서울로 가는 한강이 흐르고 있어 물건을 배로 실어 나르기에 좋았습니다. 그래서 삼국은 이 지역을 차지하려고 심하게 다퉜습니다. 그 결과 백제, 고구려, 신라가 차례로 이 지역을 차지하였습니다.

충주 고구려비는 만주에 있는 광개토 대왕릉비를 축소해 놓은 듯이 생겼습니다. 2미터가 넘는 기둥 모양 돌의 네 면에는 글자가 새겨져 있습니다. 하지만 오랜 세월이 지난 탓에 비석이 심하게 **마모**되어 자세한 내용을 파악하기는 어렵습니다. 하지만 고구려가 신라를 동쪽 오랑캐라 불렀고, 신라 왕에게 고구려 관리의 옷을 선물로 내렸다는 등의 내용이 **비문**으로 기록되어 있다고 전해지고 있습니다.

지금까지 발견된 고구려 비석은 중국 2**기**(광개토 대왕릉비, 지안 고구려비), 우리나라 1기 등 총 3기입니다. 충주 고구려비는 우리나라에서 유일하게 발견된 고구려 비석으로, 역사적 의미와 가치가 매우 높습니다.

　충주 고구려비를 조사하면서 우리나라 역사에 관심을 기울이게 되었습니다. 앞으로 우리나라 역사와 문화유산에 대해 더 열심히 공부해 나가야겠습니다.

문화유산 앞의 세대에게서 물려받은 가치 있는 문화적 재산. 文 글 문 化 될 화 遺 남길 유 産 낳을 산　**비석** 돌에 글자를 새겨서 세워 놓은 것. 碑 비석 비 石 돌 석　**대장간** 쇠를 달구어서 낫, 호미, 칼 따위의 연장을 만드는 곳.　**신앙** 신이나 종교를 믿고 받드는 것. 信 믿을 신 仰 우러를 앙　**국보** 나라에서 지정하여 보호하고 관리하는 문화재. 國 나라 국 寶 보배 보　**추정** 짐작으로 판단하는 것. 推 추측할 추 定 정할 정　**마모** 마찰 부분이 닳아서 없어짐. 磨 갈 마 耗 없앨 모　**비문** 비석에 새긴 글. 碑 비석 비 文 글 문　**기** 무덤, 비석, 탑 등을 세는 단위. 基 기(탑, 무덤 등을 세는 단위) 기

1

글의
종류

이 글을 쓴 목적은 무엇인가요?

① 정보를 전달하려고.　　　　② 연극을 하려고.

③ 감상을 전달하려고.　　　　④ 경험을 기록하려고.

⑤ 다른 사람을 설득하려고.

2

내용
파악

이 글에 담기지 않은 내용은 무엇인가요?

① 비석에 새겨진 내용.　　　　② 비석을 세운 까닭.

③ 비석의 다른 이름.　　　　④ 비석이 국보로 지정된 시기.

⑤ 비석에 글을 새긴 사람.

3

내용
파악

충주 고려비의 정보를 정리한 표입니다. 괄호를 채워 표를 완성하세요.

명칭	(1) ( )	소재지	충청북도 충주시
분류	돌로 만든 비	만들어진 시대	(2) ( )
문화재	(3) 국보 제( )호	지정일	(4) ( )년 3월 18일
소유자	나라의 소유	관리자	충주시

5주
23회

4 충주 고구려비에 대해 잘못 알고 있는 사람은 누구인가요?

내용
파악

① 영은: 충주의 한 마을에서 발견되었어.

② 수종: '중원 고구려비', '중원비'라고도 불려.

③ 준성: 이 비석은 신라가 삼국을 통일한 기념으로 세운 거야.

④ 세경: 비문에 새겨진 글자가 심하게 마모되어서 자세한 내용을 파악하는 것은 어려워.

⑤ 소라: 우리나라에서 유일하게 발견된 고구려 비석이라는 점에서 역사적 가치가 높아.

5 다음 내용과 관련 있는 인물을 앞 글에서 찾아 쓰세요.

배경
지식

> 광개토 대왕의 맏아들로 80여 년 동안 왕위에 있었다. 재위(왕의 자리에 있음) 기간 중 수도를 평양으로 옮기고 남쪽으로 영토를 넓히는 정책을 펼쳤다. 이로 인해 고구려 역사상 가장 넓은 영토를 차지했으며, 여러 사회 제도와 문화를 발달시켜 고구려의 최전성기를 이끌었다.

6 다음 중 지도를 보고 짐작할 수 있는 내용이 아닌 것을 고르세요.

추론

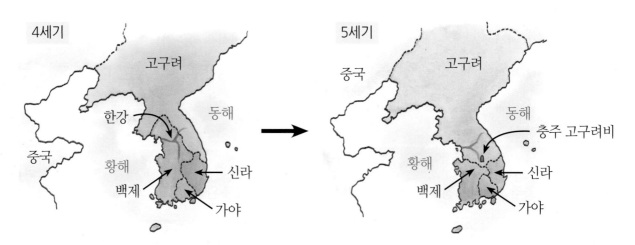

① 4세기에 충주는 백제의 영토였다.

② 4~5세기에 고구려와 백제가 전쟁을 벌였다.

③ 5세기에 신라와 백제는 고구려보다 힘이 약했다.

④ 가야가 신라, 백제, 고구려를 차례로 정복했다.

⑤ 5세기에 고구려는 한반도 중부 지역까지 영토를 넓혔다.

1단계 다음 낱말의 뜻을 찾아 줄로 이으세요.

(1) 추정 •   • ㉠ 짐작으로 판단하는 것.

(2) 비문 •   • ㉡ 마찰 부분이 닳아서 없어짐.

(3) 마모 •   • ㉢ 비석에 새긴 글.

2단계 위에서 배운 낱말을 빈칸에 넣어 문장을 완성하세요.

(1) 자전거의 타이어가 많이 [   ] 되어 새것으로 교체했다.

(2) 이 비석의 [   ] 에는 광개토 대왕의 업적이 새겨져 있다.

(3) 신석기 시대의 유물로 [   ] 되는 토기가 서울에서 발견되었다.

3단계 설명을 읽고, 밑줄 친 낱말의 뜻을 찾아 번호를 쓰세요.

세우다	① 어떤 역할을 맡게 하다.
	② 공로나 업적 따위를 이루다.
	③ 계획, 방법, 목표 들을 마련하다.
	④ 부피를 가진 어떤 물체를 땅 위에 수직으로 있게 하다.

(1) 검사는 사건의 목격자를 증인으로 세웠다.   (   )

(2) 이순신 장군은 임진왜란에서 큰 공을 세웠다.   (   )

(3) 등산로 입구에 '출입 금지' 팻말이 세워져 있었다.   (   )

(4) 희철이는 자신이 세운 목표를 실천하기 위해 꾸준히 노력한다.   (   )

까마귀 싸우는 골에

정몽주의 어머니 이 씨

[가] 까마귀 싸우는 골에 백로야 가지 마라

성낸 까마귀 흰빛을 **새오나니**

청강에 깨끗이 씻은 몸 더럽힐까 하노라

까마귀 검다 하고

이직

[나] 까마귀 검다 하고 백로야 웃지 마라

겉이 검은들 속조차 **검을쏘냐**

아마도 겉 희고 속 검은 이는 너뿐인가 하노라

골 산과 산 사이에 움푹 패어 들어간 곳. ❹ 골짜기 **성낸** 화가 난. **새오나니** 시기하니. 질투하니. **청강** 맑은 물이 흐르는 강. 淸 맑을 청 江 강 강 **검을쏘냐** 검을 리가 있겠느냐.

1

글의 종류

고려 시대부터 쓰인 우리나라 고유의 시를 이르는 말입니다. [가]와 [나] 같은 시를 무엇이라고 하나요?

① 가사   ② 시조   ③ 향가

④ 판소리   ⑤ 동시

2

내용 파악

[가]와 [나]에서 공통으로 등장하는 소재 두 개를 쓰세요.

	,

3

배경 지식

[가]와 [나]의 공통 특징으로 바르지 <u>않은</u> 것을 고르세요.

① 초장(첫째 행), 중장(둘째 행), 종장(셋째 행)으로 이루어져 있다.

② 초장에 명령형 말투가 나타난다.

③ 중장의 첫 부분이 세 글자로 시작한다.

④ 종장의 마지막 부분이 '하노라'로 끝난다.

⑤ 교훈적인 내용을 주제로 다루고 있다.

4

주제

[나]의 주제로 가장 적절한 것을 고르세요.

① 나쁜 사람들과 어울리지 말자.

② 힘들 때 서로 돕고 살자.

③ 주어진 삶과 주변 환경에 불평하지 말자.

④ 겉과 속이 다르게 살지 말자.

⑤ 동물을 보호하자.

5 다음 속담의 빈칸에 공통으로 들어갈 새의 사진을 고르세요.

배경
지식

(1) [　] 고기를 먹었나: 무엇을 잘 잊어버리는 사람을 놀리거나 나무라는 말.

(2) [　] 날자 배 떨어진다: 아무 관계 없이 한 일이 우연히도 때가 같아 어떤 관계가 있

는 것처럼 의심받게 됨을 비유적으로 이르는 말.

①    ②    ③

④    ⑤

6 다음 시와 [가]에 대한 설명으로 <u>틀린</u> 것을 고르세요.

적용

> 백사장 홍료변에 꾸벅이는 백로들아
>
> 구복을 못 채워 저다지 굽혔다 일어났다 하느냐
>
> 일신이 한가하면 되었지 살쪄 무엇 하려느냐
>
> – 작자 미상
>
> **홍료변**: 단풍이 들어 빨갛게 된 여뀌(풀의 한 종류) 주변.
>
> **구복**: 먹고살기 위하여 음식물을 섭취하는 입과 배.　　**일신**: 자기 한 몸.

① 두 작품 모두 '백로'가 소재로 등장한다.

② [가]에서 백로는 세상의 더러움에 물들지 않은, 순수하고 결백한 존재를 뜻한다.

③ 위 시에서 백로는 [가]와 다르게 욕심이 많은 존재로 그려진다.

④ 위 시도 [가]와 마찬가지로 종장 첫 부분이 세 글자로 시작한다.

⑤ 두 작품 모두 말하는 이가 듣는 이에게 명령하는 말투가 나타난다.

어휘력 기르기

1단계　다음 낱말들의 뜻을 찾아 바르게 이으세요.

(1) 청강　●

(2) 아마　●

●　㉠ 짐작해 볼 때 그럴 가능성이 크다는 뜻을 나타내는 말.

●　㉡ 맑은 물이 흐르는 강.

2단계　다음 문장의 빈칸에 알맞은 낱말을 위에서 찾아 쓰세요.

(1) ☐☐☐☐☐ 에는 물고기와 물새가 많이 산다.

(2) ☐☐☐☐☐ 내년에는 네가 엄마보다 더 클걸.

3단계　다음 설명을 읽고 밑줄 친 낱말의 뜻을 골라 그 번호를 쓰세요.

골	① 산과 산 사이에 움푹 패어 들어간 곳.
	② 언짢은 일을 당하여 벌컥 내는 화.
	③ 축구나 농구 등에서, 문이나 바구니에 공을 넣어 득점하는 일. goal

(1) 내가 과자를 다 먹어 동생이 골을 내었다.　(　　)

(2) 이제 한 골만 더 넣으면 동점이 된다.　(　　)

(3) 우리나라에는 골이 깊고 경치가 아름다운 산이 많다.　(　　)

5주
24회

시몬은 먹을 음식도 입을 옷도 **변변치 않을** 만큼 가난한 **구두장이**입니다.

어느 겨울날, 시몬은 **외상값**을 받아 외투를 마련하려고 집을 나섰습니다. 그러나 별 소득 없이 돌아와야 했습니다. 힘없이 걷던 시몬은 교회 앞에서 벌거벗은 채 떨고 있는 젊은이를 발견했습니다. 시몬은 못 본 척 지나치려다 ㉠ 양심의 소리를 듣고 젊은이에게 자신의 외투를 입혀 집으로 데려왔습니다.

아내 마트료나는 **수금도** 못 해 온 데에다 낯선 사람까지 데려온 남편에게 무척 화가 났습니다. 하지만 젊은이가 불쌍하다는 생각이 들어 정성스럽게 저녁 식사를 대접했습니다. 그러자 젊은이는 마트료나를 향해 살며시 미소 지었습니다.

젊은이의 이름은 미하일입니다. 미하일은 구두 만드는 일을 배우며 시몬 가족과 함께 살게 되었습니다. 1년 후, 미하일의 솜씨가 알려지면서 가게를 찾는 손님이 늘었습니다.

어느 날, 한 신사가 구두 가게를 찾아와 1년을 신어도 모양이 변하지 않는 구두를 만들어 달라고 했습니다. 그때 미하일은 신사의 어깨 **너머**에 있는 죽음의 천사를 보고 **싱긋** 미소를 지었습니다. 그러고는 구두가 아닌 슬리퍼를 만들었습니다. 깜짝 놀란 시몬이 미하일을 나무라고 있을 때, 신사의 하인이 급히 가게로 뛰어 들어왔습니다.

"주인님께서 집으로 가는 도중에 **마차** 안에서 돌아가셨어요. 그래서 구두는 필요 없게 되었습니다. 그러니 죽은 사람에게 신기는 슬리퍼로 바꿔서 지어 주세요."

미하일은 다 만든 슬리퍼를 앞치마에 쓱쓱 문질러 **광**을 낸 뒤 하인에게 건넸습니다.

세월이 흘러 미하일이 시몬네 집에 온 지도 6년이 되었습니다. 그동안 미하일이 미소를 지은 것은 단 두 번뿐이었습니다. 어느 늦은 오후, 한 부인이 쌍둥이 자매를 데리고 가게로 들어왔습니다. 쌍둥이 중 한 아이는 다리가 불편한 듯 살짝 절고 있었습니다.

"이 귀여운 아이는 어쩌다가 이렇게 됐습니까? 태어날 때부터 그런 건가요?"

시몬은 아이의 발 **치수**를 재면서 조심스럽게 물었다.

"아니요. 아이들 친어머니가 실수를 해서 그래요. 저는 아이들의 친엄마가 아니에요."

부인은 자신의 사연을 이야기했습니다. 태어난 지 일주일도 안 되어 친부모를 잃은 쌍둥이를 자신이 맡아 길렀는데, 정작 자신의 아들은 죽어 쌍둥이를 친자식처럼 키우고 있다고 했습니다. 이야기를 들은 미하일은 세 번째 미소를 지었습니다. 미하일의 몸에서는 환한 빛이 뿜어져 나왔습니다.

부인이 돌아간 뒤, 미하일은 시몬에게 자신의 이야기를 들려주었습니다. 자신은 천사이며 하느님의 말씀을 **거역해** 땅으로 내려왔다고 했습니다. 그리고 하느님의 세 가지 질문, '사람의 마음속에는 무엇이 있고, 사람에게 주어지지 않은 것은 무엇이며, 사람은 무엇으로 사는가'에 관한 답을 찾아야 하늘로 올라갈 수 있다고 했습니다.

차가운 길바닥에 알몸으로 웅크리고 있던 자신을 시몬 부부가 보살펴 주는 모습에서 사람의 마음속에는 '사랑'이 있다는 것을 배웠고, 신사가 1년을 신어도 모양이 변하지 않는 구두를 주문했을 때 사람은 '자기의 운명을 아는 지혜'가 없다는 것을 알았으며, 부모 잃은 아이들을 사랑으로 키우는 부인을 보고 사람은 '사랑'으로 산다는 진리를 깨달았다고 말했습니다.

미하일은 말을 마치고는 천사의 모습이 되어 하늘로 올라갔습니다.

– 레프 톨스토이, 〈사람은 무엇으로 사는가〉

변변치 않을 제대로 갖추어지지 못해 충분하지 못할.　**구두장이** 구두를 만들거나 고치는 일을 직업으로 하는 사람.　**외상값** 외상(값은 나중에 치르기로 하고 물건을 사거나 파는 일)으로 거래한 물건의 값. **수금** 받을 돈을 거두어들임. 收 거둘 수 金 돈 금　**너머** 가로막은 것이 있어서 보이지 않는 저쪽.　**싱긋** 눈과 입을 슬며시 움직이며 소리 없이 가볍게 웃는 모양.　**마차** 말이 끄는 수레. 馬 말 마 車 수레 차　**광** 물체가 빛을 받아 매끈거리며 반짝이는 것. 光 빛 광　**치수** 주로 작은 물건의 길이나 크기를 어떤 단위로 나타낸 것.　**거역해** 윗사람의 명령이나 뜻을 어겨. 拒 거부할 거 逆 거스를 역

---

1 미하일은 왜 벌거벗은 채 교회 앞에서 떨고 있었을까요?

추론

① 하느님께 벌을 받아서.　　　　　② 강도에게 옷을 빼앗겨서.

③ 불쌍하게 보여 구걸하려고.　　　④ 물건을 훔치다가 들켜서.

⑤ 사람들의 관심을 끌려고.

2 시몬이 들은 ㉠ '양심의 소리'로 알맞은 것을 고르세요.

추론

① '괜히 저 사람 가까이 다가갔다가 봉변을 당할지도 몰라!'

② '귀찮은 일에 말려들기 전에 그냥 지나쳐 가자.'

③ '이렇게 추운 날에 벌거벗은 채로 있다니, 분명 수상한 사람일 거야.'

④ '얼른 달아나자. 잘못했다간 내 옷과 신발을 **빼앗기겠는걸**.'

⑤ '이 추운 날 벌거벗고 있다니, 너무 춥겠다. 얼른 도와주어야겠어.'

3 이 이야기의 내용과 같은 것을 고르세요.

내용
파악

① 시몬은 옷 만드는 일을 한다.

② 신사는 주문을 마치고는 말을 타고 집에 갔다.

③ 시몬 부부에게는 쌍둥이 아이들이 있다.

④ 쌍둥이를 데려온 부인은 쌍둥이의 친엄마가 아니다.

⑤ 미하일은 가난한 사람을 도우려고 하늘에서 내려왔다.

4 미하일이 신사가 주문한 구두 대신 슬리퍼를 만든 까닭은 무엇인가요?

내용
파악

① 주문 내용을 잘못 이해해서.

② 자신이 슬리퍼를 신고 싶어서.

③ 신사가 곧 죽을 것을 알아서.

④ 구두보다 슬리퍼를 더 잘 만들어서.

⑤ 말도 안 되는 주문을 한 신사에게 골탕 먹이려고.

5 다음은 하느님이 낸 세 가지 질문입니다. 미하일이 찾은 답을 쓰세요.

내용
파악

(1) 사람의 마음속에는 무엇이 있는가?

_____

(2) 사람에게 주어지지 않은 것은 무엇인가?

_____

(3) 사람은 무엇으로 사는가?

_____

6 미하일은 6년 동안 세 번 웃었습니다. 미하일이 웃은 까닭은 무엇인가요?

추론

① 사람들이 살아가는 모습이 재미있어서.

② 하느님이 내 준 질문의 답을 알게 되어서.

③ 벌을 받는 동안 세 번만 웃을 수 있어서.

④ 세 번 웃어야 하느님께 용서받을 수 있어서.

⑤ 2년에 한 번씩 웃으라는 하느님의 말씀을 따라야 해서.

어휘력 기르기

1단계 다음 낱말의 뜻을 찾아 줄로 이으세요.

(1) 외상 •　　　　　　　　　　• ㉠ 윗사람의 명령이나 뜻을 어김.

(2) 수금 •　　　　　　　　　　• ㉡ 값은 나중에 치르기로 하고 물건을 사거나 파는 일.

(3) 거역 •　　　　　　　　　　• ㉢ 받을 돈을 거두어들임.

2단계 위에서 배운 낱말을 빈칸에 넣어 문장을 완성하세요.

(1) 아버지는 옆집에 빌려주신 돈을 　　　　　　 하여 돌아오셨다.

(2) 그는 임금의 명령을 　　　　　　 한 죄로 큰 벌을 받았다.

(3) 희수는 지갑을 잃어버려 공책을 　　　　　　 으로 샀다.

3단계 다음 설명을 읽고, 빈칸에 알맞은 낱말을 넣어 문장을 완성하세요.

> **너머**: 가로막은 것이 있어서 보이지 않는 저쪽.
>
> **넘어**: 높은 데를 지나.

(1) 산 　　　　　　 로 붉은 해가 뉘엿뉘엿 넘어간다.

(2) 산봉우리 두 개를 　　　　　　 마을에 내려오니 날이 어둑어둑해졌다.

세균은 하등 **단세포** 생물체로, 동물이나 식물보다 구조가 단순합니다. 둥근 모양, 막대 모양, **나선** 모양 등 모습이 다양한데, 매우 작아 맨눈으로는 볼 수 없습니다. 세균은 사람이나 동물의 몸, 공기, 물 등 우리 주변 곳곳에서 살고 있습니다. 생물체에 **기생하면서** 병을 일으키기도 하지만, 생태계의 물질 순환에 도움을 주기도 합니다.

대장균은 사람이나 동물의 대장에 **서식**하는 세균입니다. 양쪽 끝이 둥근 막대 모양이며, **편모**가 있어서 스스로 움직일 수 있습니다. 대장 내에 살면서 우리 몸에 해를 끼치는 세균들의 침입과 번식을 막습니다. 사람과 대장균은 서로 ㉠ **공생 관계**를 이루며 살아갑니다. 그런데 대장균이 대장 이외의 부위에 들어가면 방광염, **패혈증** 같은 병을 일으킬 수 있습니다.

콜레라균은 주로 강과 바다가 만나는 지역에서 사는 세균입니다. 바나나처럼 구부러진 막대 모양인데, 끝에는 편모가 있어 스스로 이동할 수 있습니다. 콜레라균 가운데 일부는 사람에게 심각한 병을 일으키는데, 이것이 바로 **콜레라**입니다. 콜레라에 걸리면 고열과 함께 구토와 설사가 일어납니다. 또 이로 인해 **탈수** 증세가 나타납니다. 오염된 물, 덜 익힌 해산물, 날것을 **섭취**하면 감염될 수 있습니다.

살모넬라균은 사람이나 동물의 장에 사는 세균입니다. 형태는 대장균처럼 편모를 가진 막대 모양이며, 여러 개가 뭉쳐 있습니다. 사람은 살모넬라균 때문에 많은 질병에 걸리는데, 대표적인 것이 **식중독**입니다. 오염된 물이나 음식을 통해 전파됩니다.

포도상 구균은 사람을 비롯한 여러 생물의 **점막**이나 피부에 사는 세균입니다. 우리 주변의 공기나 물 등에서도 발견됩니다. 편모는 없으며, 포도알같이 생긴 세포 여러 개가 포도송이처럼 모여 있습니다. 살모넬라균처럼, 이 균이 있는 음식물을 섭취하면 식중독에 걸릴 수 있습니다. 이 균이 피부에 침투하면 **화농성 염증**이 생기기도 합니다.

헬리코박터 파일로리균은 사람과 동물들의 위장 벽에 서식합니다. 나선 모양으로 생겨 위 나선균이라고도 합니다. 이 세균에는 편모가 여러 개 달려 있습니다. 주로 대변에서 나온 세균이 입으로 들어가 감염됩니다. 음식을 함께 떠먹는 우리나라 사람들이 감염될 가능성이 큽니다. 보통은 헬리코박터 파일로리균에 감염되어도 별문제가 생기지 않지만, 환경이나 상황에 따라 위의 염증이나 **궤양**, 암과 같은 증상이 나타날 수 있습니다.

단세포 개체가 세포 하나만으로 이루어진 생물. 單 하나 단 細 작을 세 胞 세포 포   **나선** 물체의 겉모양이 소라 껍데기처럼 빙빙 비틀린 것. 螺 소라 나 旋 돌 선   **기생하면서** 다른 생물의 표면이나 체내에 붙어 영양을 섭취하며 생활하면서. 寄 붙어살 기 生 살 생   **서식** 생물 따위가 일정한 곳에 자리를 잡고 삶. 棲 살 서 息 살 식   **편모** 세포의 일부가 변하여 긴 채찍 모양의 털처럼 된, 운동 및 영양 섭취의 세포 기관. 鞭 채찍 편 毛 털 모   **공생 관계** 종류가 다른 생물이 같은 곳에 살며 서로 이익을 주고받는 관계. 共 함께 공 生 살 생 關 관계 할 관 係 이을 계   **패혈증** 곪아서 고름이 생긴 상처나 종기 등에서 병원균이나 독소가 계속 혈관으로 들어가 순환하여 심한 중독 증상이나 급성 염증을 일으키는 병. 敗 썩을 패 血 피 혈 症 증세 증   **콜레라** 콜레라균에 의하여 일어나는 소화 계통의 전염병. 구토와 설사에 따른 탈수 증상, 근육의 경련 따위를 일으키며 사망률이 높다. cholera   **탈수** 몸속의 수분이 모자라서 일어나는 증상. 脫 잃을 탈 水 물 수   **섭취** 생물체가 영양분 등을 몸 안에 받아들임. 攝 빨아들일 섭 取 가질 취   **식중독** 음식물에 들어 있는 유독 물질을 섭취하여 생기는 급성 소화 기관 병. 食 음식 식 中 안 중 毒 독 독   **점막** 소화관, 기도와 같은 대롱 모양 구조의 속 공간을 덮고 있는 부드럽고 끈끈한 막을 통틀어 이르는 말. 粘 끈끈할 점 膜 막 막   **화농성 염증** 고름이 생기는 염증. 化 될 화 膿 고름 농 性 성질 성 炎 더울 염 症 증세 증   **궤양** 피부나 점막에 상처가 생기고 헐어서 출혈하기 쉬운 상태. 潰 문드러질 궤 瘍 헐 양

---

1 이 글의 중심 낱말을 고르세요.

핵심어

① 생물체   ② 포유류   ③ 식물

④ 세균   ⑤ 식중독

2 세균에 대한 설명으로 <u>틀린</u> 것을 고르세요.

내용
파악

① 단세포 생물체이다.

② 동물이나 식물보다 구조가 복잡하다.

③ 매우 작아 맨눈으로는 볼 수 없다.

④ 둥근 모양, 막대 모양, 나선 모양 등 모습이 다양하다.

⑤ 사람이나 동물의 몸, 공기, 물 등 우리 주변 곳곳에서 살고 있다.

3 다음 중 편모가 없는 세균을 고르세요.

내용
파악

① 포도상 구균   ② 살모넬라균   ③ 헬리코박터 파일로리균

④ 콜레라균   ⑤ 대장균

4 다음은 여러 세균에 대한 설명입니다. 맞으면 ○표, 틀리면 X표 하세요

내용
파악

(1) 대장균은 우리 몸의 대장 내에 살면서 우리에게 도움을 주는 세균이다. ( )

(2) 콜레라균은 방광염을 일으킨다. ( )

(3) 살모넬라균은 사람이나 동물의 피부에 사는 세균이다. ( )

(4) 포도상 구균은 포도알같이 생긴 세포 여러 개가 포도송이처럼 모여 있다. ( )

(5) 헬리코박터 파일로리균은 주로 대변에서 나온 세균이 입으로 들어가 감염된다. ( )

5 ㉠의 예로 가장 적절한 것을 고르세요.

배경
지식

① 사슴과 늑대

② 개구리와 뱀

③ 꽃과 벌

④ 쥐와 고양이

⑤ 호랑이와 사자

6 헬리코박터 파일로리균 감염을 예방하는 방법으로 가장 적절한 것을 고르세요.

추론

① 수분이 부족하지 않도록 물을 자주 마신다.

② 민물과 바닷물이 만나는 곳에서는 수영하지 않는다.

③ 피부에 상처가 나면 즉시 소독하고 반창고를 붙인다.

④ 덜 익힌 해산물이나 날것을 먹을 때에는 항상 주의한다.

⑤ 음식을 여럿이 함께 먹을 때에는 개인 접시에 덜어서 먹는다.

7 헬리코박터 파일로리균의 다른 명칭을 앞 글에서 찾아 쓰세요.

내용
파악

1단계 다음 낱말들의 뜻을 바르게 이으세요.

(1) 서식 •

(2) 탈수 •

(3) 섭취 •

• ㉠ 생물체가 영양분 등을 몸 안에 받아들임.

• ㉡ 생물 따위가 일정한 곳에 자리를 잡고 삶.

• ㉢ 몸속의 수분이 모자라서 일어나는 증상.

2단계 다음 문장의 빈칸에 알맞은 낱말을 위에서 찾아 쓰세요.

(1) 이 지역에  하는 조류 중엔 멸종 위기종도 다수 포함되어 있다.

(2) 건강을 유지하기 위해서는 다양한 영양소를 균형 있게 [   ] 해야 한다.

(3) 운동을 너무 오래 했더니 [   ] 증상이 나타났다.

3단계 '공생 관계'와 뜻이 비슷한 사자성어를 고르세요.

(1) ① 견원지간: 사이가 매우 나쁜 관계.

② 동상이몽: 겉으로는 같이 행동하면서도 속으로는 각각 딴생각을 하고 있음.

③ 상부상조: 서로서로 도움.

④ 어부지리: 둘이 싸우는 사이에 엉뚱한 사람이 애쓰지 않고 이득을 얻음.

조선 후기에 들어 새로운 농사법이 보급되면서 농업 생산량이 증가하고, **상공업**이 발달하여 부유한 **서민**들이 생겼습니다. 그러면서 단단하게 유지되었던 신분 제도가 흔들리기 시작했습니다. 태어날 때부터 정해진 신분으로 살아야 한다고 믿었던 백성들은 점차 자신의 신분도 바뀔 수 있다고 생각하게 되었습니다.

서민들은 삶의 여유가 생기고 의식 수준이 높아지면서 자연스레 즐길 거리로 눈을 돌렸습니다. 양반들이 즐기던 문화 활동을 하거나, 서민들을 주인공으로 다룬 문화를 누렸습니다. 이렇게 서민들이 즐기거나 서민들의 삶을 다룬 문화를 '서민 문화'라고 합니다.

판소리는 부채를 든 소리꾼이 **고수**의 장단에 맞추어 노래와 말, 몸짓으로 이야기를 표현하는 **음악극**입니다. 소리꾼이 **즉흥적으로** 내용을 더하거나 뺄 수도 있고, 관중들이 판소리에 함께 참여할 수도 있었습니다. 판소리는 서민들의 목소리를 **대변**하면서, 새로운 사회와 시대에 대한 희망을 나타냈습니다. 조선 후기에 널리 불리던 판소리는 모두 열두 **마당**이었습니다. 그러나 오늘날에는 〈춘향가〉, 〈흥부가〉, 〈심청가〉, 〈수궁가〉, 〈적벽가〉 이렇게 다섯 마당만 전해지고 있습니다.

한글을 익힌 서민들이 늘어나면서 한글 소설도 서민 문화의 하나로 자리 잡았습니다. 한글 소설은 한문을 모르는 백성들도 쉽게 읽을 수 있었습니다. 게다가 사회에 대한 **풍자**와 **해학**을 담고 있어 인기가 많았습니다. 그 가운데 〈홍길동전〉은 우리나라 최초의 한글 소설로, 신분 제도의 문제점과 **탐관오리**들의 **횡포**를 비판하였습니다. 〈춘향전〉은 기생의 딸 춘향과 양반집 아들 이몽룡의, 신분을 초월한 사랑 이야기를 담았습니다. 〈흥부전〉은 욕심 많은 형 놀부와 가난하지만 착한 동생 흥부의 이야기를 통해 **권선징악**이라는 주제를 다뤘습니다. 〈심청전〉에서는 눈먼 아버지의 눈을 뜨게 하려는 심청의 희생을 통해서, 당시 조선이 중요시했던 '효'를 강조하였습니다. 이외에 〈별주부전〉, 〈전우치전〉, 〈장화홍련전〉도 서민들을 즐겁게 해 주었습니다.

탈놀이는 여러 가지 탈을 쓰고 다른 인물이나 동물로 분장하여 무대에서 춤추고 노래하며 대사를 주고받는 놀이입니다. 가면극이라고 부르기도 합니다. 내용은 조선 **조정**과 양반에 대한 풍자가 대부분이었습니다. 주로 사람이 많이 모이는 장터 같은 곳에서 공연하였습니다. 오늘날까지 전해져 오고 있는 탈놀이로는 봉산 탈춤, 고성 오광대, 송파 산대놀이, 양주 별산대놀이 등이 있습니다.

마지막으로, 풍속화는 당시 시대의 모습과 풍습을 그린 그림입니다. 조선 후기의 풍속화에는 서민들의 생활 모습이 담겼습니다. 풍속화를 그린 대표 화가로는 김홍도가 있습니다. 김홍도는 주로 농촌 서민들이 일하는 모습을 재미있고 생생하게 표현했습니다. 김홍도의 작품으로는 〈씨름〉, 〈서당〉, 〈논갈이〉, 〈춤추는 아이〉, 〈벼 타작〉 등이 있습니다. 또 다른 풍속 화가 신윤복은 김홍도와는 다르게 양반 사회에 대한 풍자나 남녀 사이의 애정 등을 과감하게 그림에 담아냈습니다. 조선 시대 아름다운 여인의 모습을 그린 〈미인도〉는 신윤복의 대표 작품으로 유명합니다.

상공업 상업(물건을 사고팔아 이익을 얻는 일)과 공업(원료를 이용하여 유용한 물건을 만드는 일)을 아울러 이르는 말. 商 장사 상 工 공업 공 業 일 업   **서민** 벼슬이나 신분적 특권을 갖지 못한 사람. 庶 벼슬 없을 서 民 백성 민   **고수** 북을 치는 사람. 鼓 북 고 手 사람 수   **음악극** 노래나 음악을 통해 표현하는 연극. 音 음악 음 樂 음악 악 劇 연극 극   **즉흥적으로** 그 자리에서 일어나는 감정이나 기분에 따라. 卽 곧 즉 興 일으킬 흥 的 과녁 적   **대변** 어떤 사람이나 단체를 대신하여 의견이나 태도를 나타냄. 代 대신할 대 辯 말씀 변   **마당** 판소리나 탈춤 따위에서 토막을 세는 단위.   **풍자** 문학 작품 등에서, 사회의 부정적 현상이나 모순 등을 빗대어 비웃으면서 비판함. 諷 풍자할 풍 刺 꾸짖을 자   **해학** 익살스러우면서도 품위가 있는 말이나 행동. 諧 해학 해 謔 농담할 학   **탐관오리** 백성의 재물을 탐하여 빼앗고, 행실이 깨끗하지 못한 관리. 貪 탐낼 탐 官 벼슬아치 관 汚 더러울 오 吏 관리 리   **횡포** 제멋대로 굴며 몹시 난폭함. 橫 제멋대로 할 횡 暴 사나울 포   **권선징악** 착한 일을 권장하고 악한 일을 벌함. 勸 권할 권 善 착할 선 懲 벌줄 징 惡 악할 악   **조정** 임금이 나라의 정치를 신하들과 의논하거나 집행하는 곳. 여기서는 임금을 중심으로, 그 가족들과 신하들이 이루는 사회를 이른다. 朝 조정 조 廷 조정 정

1

내용
파악

다음 서민 문화 중에서 이 글에 담기지 <u>않은</u> 것을 고르세요.

① 강강술래   ② 판소리   ③ 한글 소설

④ 탈놀이   ⑤ 풍속화

2

적용

다음 사진이 나타내는 조선 시대의 서민 문화는 무엇인가요?

① 풍속화

② 한글 소설

③ 사물놀이

④ 판소리

⑤ 탈놀이

3 오늘날까지 전해져 내려오는 판소리가 <u>아닌</u> 작품을 고르세요.

내용
파악

① 춘향가   ② 흥부가   ③ 심청가

④ 수궁가   ⑤ 변강쇠가

4 우리나라 최초의 한글 소설은 무엇인지 쓰세요.

내용
파악

5 다음 사진에 대한 설명으로 <u>틀린</u> 것을 고르세요.

추론

① 조선 후기의 서민 문화 중 하나인 탈놀이이다.

② 가면극이라고 부르기도 한다.

③ 조선 조정과 양반에 대한 풍자가 주 내용이다.

④ 주로 사람이 없는 한적한 곳에서 비밀스럽게 공연한다.

⑤ 오늘날까지 전해져 오고 있는 탈놀이로는 봉산 탈춤, 고성 오광대 등이 있다.

6 조선 후기에 서민 문화가 발달할 수 있었던 이유가 <u>아닌</u> 것을 고르세요.

내용
파악

① 그전까지 단단하게 유지되었던 조선의 신분 제도가 흔들렸다.

② 새로운 농사법의 보급으로 농업 생산량이 증가하였다.

③ 스스로 양반을 포기하고 서민이 되는 사람이 많아졌다.

④ 상공업이 발달하였다.

⑤ 서민들의 의식 수준이 높아졌다.

7 이 글을 읽고 <u>틀린</u> 말을 한 친구를 고르세요.

감상

① 대원: 신분 제도에 억눌려 있던 서민들의 불만과 욕구가 잘 표현된 풍속화를 보고 싶어.

② 은채: 판소리에서 소리꾼들이 북장단에 맞춰 다 함께 노래를 부르면 정말 웅장할 것 같아.

③ 성호: 판소리 〈춘향가〉, 〈흥부가〉, 〈심청가〉는 한글 소설로도 만들어진 걸 보니 인기가 많았나 봐.

④ 승미: 탈로 얼굴을 가리면 사람들이 자신을 못 알아봐 풍자가 한결 쉬웠을 것 같아.

⑤ 인준: 이 글에 소개된 4가지 서민 문화 외에 다른 것은 또 무엇이 있을지 궁금해졌어.

1단계 다음 낱말들의 뜻을 찾아 바르게 이으세요.

(1) 대변 •

(2) 풍자 •

(3) 횡포 •

• ㉠ 어떤 사람이나 단체를 대신하여 의견이나 태도를 나타냄.

• ㉡ 제멋대로 굴며 몹시 난폭함.

• ㉢ 문학 작품 등에서, 사회의 부정적 현상이나 모순 등을 빗대어 비웃으면서 비판함.

2단계 다음 문장의 빈칸에 알맞은 낱말을 위에서 찾아 쓰세요.

(1) 이 소설은 조선 시대 양반들의 모습을 비꼬아 [   ] 한 작품이다.

(2) 탐관오리들의 [   ] 가 심해지자 백성들의 불만이 높아졌다.

(3) 국회는 국민의 의견을 [   ] 하는 곳이다.

3단계 다음을 읽고 밑줄 친 낱말의 뜻을 찾아 번호를 쓰세요.

마당	① 판소리나 탈춤 따위에서 토막을 세는 단위.
	② 집의 앞이나 뒤에 평평하게 다져 놓은 땅.

(1) 영우는 마당에서 커다란 개를 키운다.   (   )

조정	① 임금이 나라의 정치를 신하들과 의논하거나 집행하는 곳.
	② 어떤 기준이나 상황에 맞도록 조절하여 정돈함.

(2) 오랑캐가 침입하자 조정에서는 그곳으로 군대를 보냈다.   (   )

6주
27회

생태계란 여러 생물이 살아가는 세계를 말합니다. 생태계의 수많은 생물은 다른 생물들과 영향을 주고받으며 살아갑니다. 그런데 사람은 개발이라는 이름 아래, 자연을 **훼손**하고 생태계의 **평형**을 무너뜨려 왔습니다. 하지만 자연이 없으면 사람도 살 수 없습니다. 따라서 우리는 자연과 생태계를 보호하려고 노력해야 합니다.

생태계를 보호하기 위하여 우리는 무엇을 해야 할까요?

첫째, 일회용품의 사용을 줄여야 합니다. 가격이 저렴하고 사용이 편리하다는 이유로 우리는 일회용품을 자주 이용합니다. 그런데 일회용품은 토양을 오염하여 생태계를 파괴하는 **주범**입니다. 일회용품은 대부분 땅에서 완전히 분해되는 데에 시간이 많이 듭니다. 비닐은 15년, 나무젓가락은 20년, 페트병은 500년 이상이 걸립니다. 이처럼 쉽게 분해되지 않는 쓰레기가 늘어나 땅속에 쌓이면 토양이나 지하수가 오염되어 동식물이 살기 어려운 환경이 됩니다. 따라서 일회용품의 사용을 줄이고, 일회용품을 대체할 수 있는 친환경 제품을 적극적으로 개발해야 합니다.

둘째, 생태계를 위협하는 **무분별한** 개발을 자제하고, '지속 가능한 발전'을 추구해야 합니다. 오늘날 우리는 ㉠눈부신 경제 성장을 이뤄냈습니다. 하지만 그 **이면**에는 개발을 통해 환경이 파괴되었습니다. 이로 인하여, 생태계가 파괴되어 **멸종**되었거나 멸종 위기에 처한 동식물들의 종류가 계속 늘고 있습니다. 또 지구 온난화가 일어나 세계 곳곳에서 홍수, 가뭄, **폭염**, **한파** 같은 **이상 기후** 현상이 발생하고, 그 횟수도 늘어나고 있습니다. 이제는 경제 성장과 환경 보전을 함께 고려하는 지속 가능한 발전이 필요합니다.

사람은 생태계의 수많은 구성원 중 하나입니다. 사람이 먹는 곡식과 가축도 생태계 안에서 나고 자랍니다. 즉 사람도 생태계를 벗어나서는 존재할 수 없습니다. 따라서 사람도 생태계를 보호하려 노력해야 합니다.

훼손 헐거나 깨뜨려 못 쓰게 만듦. 毁 부술 훼 損 잃을 손   **평형** 사물이나 생각 등이 한쪽으로 치우치거나 기울지 않고 안정해 있음. 平 고를 평 衡 고를 형   **주범** 어떤 일에 대하여 좋지 않은 결과를 만드는 주된 원인. 主 우두머리 주 犯 범인 범   **무분별한** 사리에 맞게 판단하고 구별하는 능력이 없는. 無 없을 무 分 나눌 분 別 나눌 별   **이면** 겉으로 나타나지 않는 부분. 裏 속 이 面 모습 면   **멸종** 생물의 한 종류가 아주 없어짐. 滅 없어질 멸 種 종류 종   **폭염** 매우 심한 더위. 暴 사나울 폭 炎 더위 염   **한파** 겨울철에 기온이 갑자기 내려가는 현상. 寒 찰 한 波 흐름 파   **이상 기후** 기온이나 강수량 따위가 정상적인 상태를 벗어난 상태. 異 다를 이 常 항상 상 氣 기후 기 候 기후 후

---

1 이 글이 주장하는 바는 무엇인가요?

주제

① 자원 개발에 힘쓰자.

② 나무를 많이 심자.

③ 쓰레기를 함부로 버리지 말자.

④ 동식물을 많이 키우자.

⑤ 생태계를 보호하자.

2 다음 중 생태계에 대한 설명으로 옳은 것을 두 개 고르세요.

내용
파악

① 같은 종의 동식물끼리 구성하는 세계를 생태계라 한다.

② 사람은 생태계의 평형을 잘 맞추며 살고 있다.

③ 사람은 생태계를 벗어나서는 존재할 수 없다.

④ 사람이 먹는 곡식도 생태계 안에서 자란다.

⑤ 생태계를 구성하는 수많은 생물에 사람은 포함되지 않는다.

3 생태계를 보호하기 위해 우리가 해야 할 일 가운데 이 글에 실린 것을 찾으세요.

내용
파악

① 일회용품 사용을 줄인다.

② 쓰레기를 땅속에 깊게 묻는다.

③ 멸종 위기에 처한 동식물을 사람이 관리한다.

④ 경제 성장을 멈춘다.

⑤ 생태계 보전 지역을 줄이고 개발에 더 집중한다.

* **생태계 보전 지역**: 멸종 위기의 동식물이 살거나 생물 다양성이 풍부하여 특별히 보전할 가치가 큰 지역.

4 다음 중 ⊙과 뜻이 다른 낱말을 고르세요.

어휘

① 뛰어난 　　　　② 위대한 　　　　③ 훌륭한

④ 찬란한 　　　　⑤ 급격한

5 이 글과 어울리지 않는 말을 한 친구를 고르세요.

감상

① 은조: 생태계가 심하게 파괴돼서 지금과 달라질 지구를 상상하니 정말 끔찍해.

② 한준: 앞으로 생태계 복원 기술이 더 발달하면 일회용품을 마음껏 써도 되겠네.

③ 진모: 건강한 지구를 지키기 위해 나부터 솔선수범해야겠어.

④ 현태: 요즘 뉴스에 나오는 기상 이변들은 사람의 욕심이 불러일으킨 결과야.

⑤ 윤찬: 나도 생태계의 구성원임을 알고 나니까 책임감이 생겨.

6 생태계 보호를 위해 우리가 할 수 있는 일이 아닌 것을 고르세요.

추론

① 에너지를 절약한다.

② 나무를 심는다.

③ 쓰레기는 종류와 상관없이 한데 모아서 버린다.

④ 가까운 거리를 이동할 때에는 걷거나 자전거를 이용한다.

⑤ 사람들이 버린 쓰레기를 치운다.

7 다음은 생태 피라미드에 대한 그림과 설명입니다. 다음 중 1차 소비자에 속하는 것을 고르세요.

배경
지식

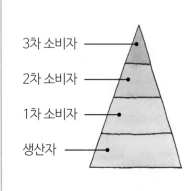

생태계에서 먹고 먹히는 관계를 생물의 종류와 수로 나타낸 것을 '생태 피라미드'라고 한다. 생태 피라미드에서 제일 아래에는 생산자인 식물이 있다. 그것을 먹고 사는 초식 동물을 1차 소비자, 1차 소비자를 잡아먹는 육식 동물을 2차 소비자, 다시 그것을 먹는 육식 동물을 3차 소비자라고 한다.

① 독수리 　　　　② 거미 　　　　③ 메뚜기

④ 사자 　　　　⑤ 벼

1단계 다음 낱말들의 뜻을 바르게 이으세요.

(1) 주범 •   • ㉠ 생물의 한 종류가 아주 없어짐.

(2) 이면 •   • ㉡ 어떤 일에 대하여 좋지 않은 결과를 만드는 주된 원인.

(3) 멸종 •   • ㉢ 겉으로 나타나지 않는 부분.

2단계 다음 문장의 빈칸에 알맞은 낱말을 위에서 찾아 쓰세요.

(1) 기상청은 이번 이상 기후의 [   ] 으로 엘니뇨 현상을 꼽았다.

(2) 사람이 무분별하게 개발하여 많은 동물이 [   ] 위기에 놓였다.

(3) 화려한 경제 발전의 [   ] 에는 노동자들의 고통과 슬픔이 있다.

3단계 다음 뜻풀이를 읽고 '훼손'과 비슷한 의미를 가진 낱말을 고르세요.

(1) **훼손**: 헐거나 깨뜨려 못 쓰게 만듦.

① 회복   ② 파괴   ③ 복원

④ 무시   ⑤ 훼방

남으로 창을 내겠소

김상용

남으로 창을 내겠소.
밭이 **한참갈이**
괭이로 파고
호미론 풀을 **매지요.**

구름이 꼬인다 갈 리 있소.
새 노래는 **공으로** 들으랴오.
강냉이가 익걸랑
함께 와 ㉠ **자셔도** 좋소.

왜 사냐건
웃지요.

남 '남쪽'의 뜻을 나타내는 말. 南 남쪽 남   **창** 공기나 햇빛을 받을 수 있고, 밖을 내다볼 수 있도록 벽이나 지붕에 낸 문. 窓 창 창   **한참갈이** 소로 잠깐이면 갈 수 있는 작은 논밭의 넓이.   **괭이** 땅을 파거나 흙을 고르는 데에 쓰는 농기구.   **호미** 논밭에 난 잡풀을 뽑거나 감자·고구마 따위를 캘 때 쓰는, 쇠로 만든 농기구.   **매지요** 논밭에 난 잡풀을 뽑지요.   **공으로** 힘을 들이거나 대가를 치르지 않고 거저. 공짜로. 空 없을 공   **강냉이** '옥수수'의 열매.   **자셔도** '먹어도'의 높임말.

1 이 시에 등장하지 않은 소재를 고르세요.

내용
파악

①

②

③

④

2 이 시의 말하는 이가 원하는 삶을 고르세요.

주제

① 따뜻한 남쪽 지방에서 사는 삶.

② 넓은 땅에 큰 집을 짓고 풍족하게 사는 삶.

③ 자연과 함께하며 작은 것에 행복을 느끼는 삶.

④ 바다에서 물고기를 잡는 어부의 삶.

⑤ 한적한 시골을 떠나 도시에서 바쁘게 사는 삶.

3 이 시에서 부정적인 의미를 가진 소재를 고르세요.

추론

① 풀　　　　　　② 구름　　　　　　③ 창

④ 밭　　　　　　⑤ 새 노래

4 다음 중 ㉠과 같은 의미로 쓰인 표현에는 ○표, 다른 뜻에는 X표 하세요

어휘

(1) 나는 너무 바빠서 밥을 먹고 자시고 할 시간도 없다.　　　　　　　　(　　　)

(2) 삼촌께서는 저녁밥을 집 밖에서 자시는 일이 거의 없으시다.　　　　(　　　)

(3) 청소는 늘 하던 일이라 힘들고 자시고 할 것도 없다.　　　　　　　　(　　　)

(4) 날도 이미 어두워졌는데 저녁밥이라도 자시고 가시지 않겠습니까?　(　　　)

5 이 시를 읽고 떠올리기 <u>어려운</u> 장면을 고르세요.

① 말하는 이가 웃는 장면.

② 말하는 이가 작은 밭에서 농사를 짓는 장면.

③ 말하는 이가 시장에서 괭이와 호미를 파는 장면.

④ 말하는 이가 새소리를 듣는 장면.

⑤ 말하는 이가 사람들과 강냉이를 나눠 먹는 장면.

6 이 시에 대한 설명으로 <u>틀린</u> 것을 고르세요.

① 자연과 어울려 지내려는 모습이 나타난다.

② 긍정적이고 여유로운 분위기를 느낄 수 있다.

③ 문장이 '-소', '-오', '요'로 끝나 반복적인 느낌을 준다.

④ 읽는 이에게 말하는 듯한 느낌의 말투를 사용한다.

⑤ 색을 나타내는 표현이 다양하게 등장한다.

7 이 시의 주제와 가장 잘 어울리는 사자성어를 고르세요.

① 초지일관 – 처음에 세운 뜻을 끝까지 밀고 나감.

② 호의호식 – 좋은 옷을 입고 좋은 음식을 먹음.

③ 와신상담 – 마음먹은 일을 이루기 위하여 온갖 어려움과 괴로움을 참고 견딤.

④ 안분지족 – 편안한 마음으로 자기 분수를 지키며 만족할 줄을 앎.

⑤ 다다익선 – 많으면 많을수록 더욱 좋음.

* **분수**: 자기의 신분이나 처지에 알맞은 한도.

1단계 다음 낱말들의 뜻을 바르게 이으세요.

(1) 창 •

(2) 호미 •

(3) 강냉이 •

• ㉠ 논밭에 난 잡풀을 뽑거나 감자, 고구마 따위를 캘 때 쓰는, 쇠로 만든 농기구.

• ㉡ 공기나 햇빛을 받을 수 있고, 밖을 내다볼 수 있도록 벽이나 지붕에 낸 문.

• ㉢ '옥수수'의 열매.

2단계 다음 문장의 빈칸에 알맞은 낱말을 위에서 찾아 쓰세요.

(1) ☐ 로 땅을 파서 작은 나무 한 그루를 심었다.

(2) 학교 앞에서 아저씨께서 노랗게 잘 익은 ☐ 를 팔고 계셨다.

(3) 우리 집 ☐ 너머로 보이는 하늘이 정말 아름다웠다.

3단계 다음 설명을 읽고 문장에서 틀린 부분에 밑줄을 긋고 바르게 고치세요.

자시다	'먹다'의 높임말.
주무시다	'자다'의 높임말.

(1) 할머니께서 낮잠을 자니 시끄럽게 떠들지 마라.

_____

(2) 우리 할아버지는 술을 안 먹는다.

_____

●때: 쌀쌀한 가을 어느 날　　●곳: 유럽 어느 도시의 **광장**

●등장인물: 행복한 왕자, 제비

㉠ 불이 켜진다. 무대 가운데에는 화려한 보석으로 꾸며진 왕자 **동상**이 서 있다. 잠시 뒤, 제비가 무대 안으로 들어온다. 제비는 이곳저곳을 살피다가 왕자의 발 앞에 눕는다.

왕　자: ㉡ (눈물을 흘린다. 흘린 눈물은 제비의 머리 위에 떨어진다.)

제　비: ㉢ 이상하다. 하늘에는 구름 한 점 없는데 빗방울이 떨어지네. (동상을 올려다보고는 깜짝 놀라며) 아니, 왕자님! 왜 울고 계시나요?

왕　자: 여기서 도시를 내려다보니, 가여운 사람이 너무 많구나. 몸이 아픈 아이에게 아무것도 해 줄 수 없어 슬퍼하는 엄마가 저기 **네거리** 모퉁이 집에 살고 있단다. 제비야, 내 **칼자루**에 박힌 보석을 떼어다가 그 집에 가져다줄 수 있겠니?

제　비: 그 귀한 보석을요?

왕　자: 그거면 아이의 병을 고치고 먹을 것도 충분히 살 수 있을 거야.

제　비: 네. 그렇게 할게요. (왕자의 칼자루에서 보석을 떼어 날아간다.)

제비가 날아간 뒤 무대가 어두워진다. 제비가 다시 등장하면 무대가 점점 밝아진다.

왕　자: 제비야, 잘했어. 이번에는 내 눈에 박힌 푸른 보석을 **산기슭**에 사는 가난한 작가에게 가져다 주렴. 너무 추워서 글도 못 쓰는 모양이야. 게다가 아무것도 먹지 못해 곧 정신을 잃을 것 같구나.

제　비: 하지만 보석을 빼면 왕자님은 앞을 볼 수 없잖아요.

왕　자: ㉣ 괜찮단다. 나는 한쪽 눈이 없어도, 아니, 양쪽 눈이 다 멀어도 행복할 것 같아.

무대가 어두워졌다가 밝아지면, 지친 제비와 한쪽 눈이 먼 왕자가 이야기를 나누고 있다.

제　비: 왕자님, 제가 물어다 준 선물로 사람들이 행복해하는 모습을 보니 기뻐요.

왕　자: 사랑스러운 제비야, 마지막 부탁이 있어. 저기 부잣집 지붕 아래 성냥팔이 소녀가 오들 오들 떨고 있구나. 오늘은 성냥을 두 갑밖에 팔지 못했어. 내게 남은 한쪽 눈과 몸에 감긴 금 옷을 소녀에게 가져다주렴.

제　비: (ⓜ) 왕자님, 왕자님!

세찬 바람 소리와 함께 무대가 어두워졌다가 밝아진다. 무대 중앙에 금 옷이 벗겨지고 눈먼 왕자가 서 있다. 그리고 그 옆에는 추위에 얼어 죽은 제비가 쓰러져 있다.

뒷부분 이야기: 사람들은 흉하게 변한 행복한 왕자의 동상을 용광로에 넣었다. 하지만 왕자의 심장은 용광로에서도 녹지 않았다. 사람들은 왕자의 심장을 죽은 제비와 함께 쓰레기통에 버렸다. 어느 날, 하느님이 천사에게 그 도시에서 가장 귀한 것 두 개를 가져오라고 했다. 천사는 왕자의 심장과 제비를 바쳤다. 하느님은 왕자와 제비를 천국에서 영원히 행복하게 살게 했다.

– 오스카 와일드, 동화 〈행복한 왕자〉를 바꿔 쓴 (ⓗ)

광장 많은 사람이 모일 수 있게 거리에 만든 넓은 공간. 廣 넓을 광 場 마당 장　　**동상** 주로 구리로 만든 사람이나 동물의 모양. 銅 구리 동 像 모양 상　　**네거리** 한 지점에서 길이 네 방향으로 갈라져 나간 곳.　　**칼자루** 칼을 안전하게 쥘 수 있도록 만든 손잡이.　　**산기슭** 산의 비탈이 끝나는 비스듬한 아랫부분.　　**용광로** 철광석을 아주 높은 열로 녹여서 쇳물로 만드는 장치. 鎔 녹일 용 鑛 쇳돌 광 爐 화로 로

1
글의
종류

다음은 이 글에 관한 특징입니다. ⓗ에 들어갈 문학 작품을 무엇이라고 하나요?

　　　연극을 하기 위하여 쓴 문학 작품으로, '해설, 대사, 지문'으로 이루어진다.

① 시　　　　　　　② 동화　　　　　　　③ 희곡

④ 수필　　　　　　⑤ 평론

2
구조

㉠~㉢은 해설, 대사, 지문 중에서 각각 무엇에 해당하는지 쓰세요.

(1) ㉠　　　　　　　(2) ㉡　　　　　　　(3) ㉢

3

추론

앞 글에서 인물의 성격을 파악할 수 있는 방법은 무엇인가요?

① 해설자의 설명을 읽고 안다.

② 인물의 이름을 통해 헤아려 본다.

③ 인물의 대사나 지문을 통해 추측한다.

④ 무대의 분위기와 효과음을 통해 짐작한다.

⑤ 인물의 외모나 옷차림을 묘사한 부분을 통해 파악한다.

4

추론

왕자는 왜 ⓔ처럼 말했을까요?

① 원래부터 시력이 좋지 않아서.

② 제비가 자신의 말을 잘 들어서.

③ 가여운 사람들을 보고 싶지 않아서.

④ 도움받은 사람들이 자신을 존경할 것이라고 생각해서.

⑤ 자신의 희생으로 가여운 사람들을 행복하게 해 줄 수 있어서.

5

추론

ⓜ에 가장 알맞은 것을 고르세요

① 밝게 웃으며   ② 씩씩한 목소리로

③ 한심하다는 듯이   ④ 슬픈 목소리로

⑤ 화난 목소리로

6

내용 파악

이 글의 내용과 <u>다른</u> 것을 고르세요.

① 왕자 동상은 궁전 안에 있다.

② 왕자 동상은 도시에서 볼 수 없게 되었다.

③ 왕자와 제비는 천국에서 행복하게 살게 되었다.

④ 왕자의 부탁으로 제비가 도시의 가여운 사람을 도왔다.

⑤ 천사는 왕자의 심장과 죽은 제비를 하느님에게 바쳤다.

어휘력 기르기

1단계 다음 낱말의 뜻을 찾아 줄로 이으세요.

(1) 광장　●

(2) 산기슭　●

(3) 용광로　●

●　㉠ 철광석을 아주 높은 열로 녹여서 쇳물로 만드는 장치.

●　㉡ 산의 비탈이 끝나는 비스듬한 아랫부분.

●　㉢ 많은 사람이 모일 수 있게 거리에 만든 넓은 공간.

2단계 위에서 배운 낱말을 빈칸에 넣어 문장을 완성하세요.

(1) 사람들이 [　　　　　　　] 에 모여 축구 경기를 관람했다.

(2) 쇳물이 [　　　　　　　] 안에서 벌겋게 끓고 있다.

(3) 할아버지는 [　　　　　　　] 에 집을 짓고 밭을 일구며 사신다.

3단계 다음 문장의 괄호 안에는 동음이의어가 들어갑니다. 앞 글에서 그 낱말을 찾아 빈칸에 쓰세요.

(1) [　][　][　]

① 나의 (　　　)은 우리 가족이 건강하고 행복하게 사는 것이다.

② 시원한 (　　　)이 더위를 식혀 주었다.

(2) [　][　][　]

① 겨울에는 (　　　)에 걸리지 않도록 장갑을 끼어야 한다.

② 광화문 광장에는 이순신 장군의 (　　　)이 있다.

순환이란 무엇이 **주기적**으로 도는 것입니다. 우리 몸에서는, 심장에서 내뿜어진 혈액이 혈관을 따라 온몸을 돌아 다시 심장으로 돌아오는 과정을 말합니다. 이 과정에 **관여**하는 **기관**을 순환 기관이라고 합니다. 순환 기관에는 심장과 혈관이 있습니다.

심장은 사람의 주먹보다 약간 크며, 둥근 모양의 근육 주머니입니다. 심장의 위치는 가슴의 중앙에서 약간 왼쪽 아래입니다. 심장은 인체에서 매우 중요한 **장기**로, 산소와 영양분을 지닌 혈액을 온몸으로 보냅니다. 이를 위해 심장은 우리가 살아 있는 한 쉼 없이 뜁니다.

심장은 심방 두 개와 심실 두 개로 이루어져 있습니다. 심방은 혈액이 들어오는 곳으로, 심장의 왼쪽과 오른쪽에 하나씩 있습니다. 이 중 왼쪽에 있는 좌심방에는 폐에서 산소를 얻은 혈액이 들어가고, 오른쪽의 우심방에는 온몸을 돌고 온 혈액이 들어갑니다. 심실은 혈액이 나가는 곳으로, 심방과 마찬가지로 좌우에 하나씩 있습니다. 혈액을 온몸으로 내보내는 곳을 좌심실, 폐로 내보내는 곳을 우심실이라고 합니다. 심장은 수축과 이완을 끊임없이 반복하는데, 이를 '심장 박동'이라고 합니다. 건강한 성인의 심장 박동 수는 1분에 60~80회입니다.

혈관은 심장이 뿜어낸 혈액을 온몸으로 보내는 통로입니다. 우리 몸에는 가늘고 긴 혈관이 눈과 귀는 물론, 손끝·발끝까지 구석구석 퍼져 있습니다. 성인 한 명의 혈관을 이으면 지구를 세 바퀴나 감을 정도로 깁니다.

혈관은 동맥과 정맥, 모세혈관으로 이루어져 있습니다. 동맥은 심장에서 나오는 혈액이 흐르는 혈관입니다. 동맥에는 심장에서 폐로 나가는 혈액이 흐르는 폐동맥과 심장에서 온몸으로 나가는 혈액이 흐르는 대동맥 등이 있습니다. 동맥은 혈관 벽이 두껍고, **탄력**이 강합니다.

정맥은 심장으로 들어가는 혈액이 흐르는 혈관입니다. 폐에서 심장으로 들어가는 혈액이 흐르는 폐정맥과 온몸을 돈 혈액이 심장으로 들어가는 대정맥 등이 있습니다. 정맥은 동맥보다 혈관 벽이 얇으며, 탄력도 약합니다.

마지막으로, 모세혈관은 동맥과 정맥을 연결해 주는 혈관입니다. 온몸에 그물처럼 퍼져 있으며, 혈관 벽이 정맥보다 얇습니다. 또 동맥이나 정맥보다 혈액이 흐르는 속도가 느립니다.

주기적 일정한 간격을 두고 되풀이하는 것. 週 돌 주 期 기간 기 的 과녁 적   **관여** 어떤 일에 관계하여 참여함. 關 관계할 관 與 참여할 여   **기관** 일정한 모양과 기능이 있는 생물체의 부분. 器 기관 기 官 일 관
장기 내장의 여러 기관. 臟 내장 장 器 기관 기   **탄력** 외부의 힘에 의해 변형된 물체가 그 힘이 없어지면 원래 상태로 돌아가려는 힘. 彈 튀길 탄 力 힘 력

1

주제

이 글을 쓴 목적을 고르세요.

① 심장의 크기와 위치를 알려 주기 위해서.

② 순환 기관의 종류와 그 역할을 알려 주기 위해서.

③ 순환 기관에 생기는 질병과 그 질병의 치료 방법을 알려 주기 위해서.

④ 혈액의 구성 요소와 각 요소의 역할을 알려 주기 위해서.

⑤ 동물의 종류에 따라 순환 기관에 어떤 차이가 있는지 비교하여 알려 주기 위해서.

2

내용
파악

심장에 대한 설명으로 틀린 것을 고르세요.

① 사람의 주먹보다 약간 크다.

② 가슴의 중앙에서 약간 오른쪽 아래에 있다.

③ 혈액을 온몸으로 보내는 장기이다.

④ 심방 두 개와 심실 두 개로 이루어져 있다.

⑤ 건강한 성인의 심장 박동 수는 1분에 60~80회이다.

3

내용
파악

혈관에 대한 설명으로 옳은 것을 고르세요.

① 혈관 가운데 혈액이 흐르는 속도가 가장 빠른 것은 모세혈관이다.

② 손과 발을 제외한 우리 몸의 모든 부위에 퍼져 있다.

③ 동맥은 혈액이 심장으로 들어가는 혈관이다.

④ 정맥은 혈액이 심장에서 나오는 혈관이다.

⑤ 모세혈관은 동맥과 정맥을 연결해 주는 혈관이다.

4 심장에서 온몸으로 나가는 혈액이 흐르는 혈관을 고르세요.

① 폐동맥   ② 폐정맥   ③ 대동맥

④ 대정맥   ⑤ 모세혈관

5 혈관 벽의 두께가 가장 얇은 것부터 가장 두꺼운 것까지 차례대로 나열된 것을 고르세요.

① 모세혈관, 정맥, 동맥   ② 모세혈관, 동맥, 정맥   ③ 동맥, 정맥, 모세혈관

④ 정맥, 동맥, 모세혈관   ⑤ 정맥, 모세혈관, 동맥

6 우리 몸에 있는 기관과 그 역할이 잘못 이어진 것을 고르세요.

① 순환 기관 – 혈액이 온몸을 도는 데에 관여하는 기관.

② 호흡 기관 – 공기를 들이마시고 내쉬는 작용에 관여하는 기관.

③ 배설 기관 – 몸에서 생긴 노폐물을 몸 밖으로 내보내는 기관.

④ 소화 기관 – 몸에 들어온 독소를 없애는 기관.

⑤ 감각 기관 – 외부의 자극을 받아들여 뇌에 전달하는 기관.

7 다음을 읽고 빈칸 (1)~(3)에 들어갈 낱말을 앞 글에서 찾아 쓰세요.

         (1)   에서 나온 혈액이   (2)   을 따라 온몸을 돌아 다시   (1)   으로 되돌아가는 과정이 반복되는 것을 '혈액 순환'이라고 한다. 혈액은 일정한 방향으로 몸 전체를 순환하면서 생명 유지에 필요한   (3)   와 영양분을 운반한다.

(1) [   ]   (2) [   ]   (3) [   ]

1단계   다음 낱말들의 뜻을 바르게 이으세요.

(1) 순환 ●

(2) 기관 ●

(3) 관여 ●

● ㉠ 주기적으로 자꾸 되풀이하여 돎.

● ㉡ 어떤 일에 관계하여 참여함.

● ㉢ 일정한 모양과 기능이 있는 생물체의 부분.

2단계   다음 문장의 빈칸에 알맞은 낱말을 위에서 찾아 쓰세요.

(1) 귀는 소리를 듣는 감각 [   ] 이다.

(2) 지연이는 실망하여, 다시는 우리 일에 [   ] 하지 않겠다고 했다.

(3) 시간이 흐름에 따라 계절도 [   ] 한다.

3단계   다음 설명을 읽고 밑줄 친 낱말의 뜻을 찾아 그 번호를 쓰세요.

장기	① 내장의 여러 기관.
	② 긴 기간.
	③ 가장 잘하는 재주.

(1) 이모는 유럽으로 <u>장기</u> 여행을 떠나셨다.   (   )

(2) 나는 학교 <u>장기</u> 자랑에서 노래를 불렀다.   (   )

(3) 친구가 교통사고를 당해서 <u>장기</u>를 다쳤다.   (   )

책을 읽거나 텔레비전을 보다가 '지구촌'이라는 말을 들어본 적이 있나요? 지구촌이란 지구 전체를 한 마을처럼 가깝게 여겨 이르는 말입니다. 그런데 영토, 자원, 종교, 민족, 정치, 언어, 인종 등 다양한 요인으로 지구촌에 갈등이 발생합니다. 또 세계 각국은 **자국**의 이익을 중시하다 보니 **타국**과 충돌이 발생합니다. 심지어 한 국가 안에서도 사람들의 의견이 나뉘어 갈등이 일어나기도 합니다.

이스라엘-팔레스타인 **분쟁**은 이스라엘과 팔레스타인 간의 **영토** 문제로 발생했습니다. 2차 세계 대전 당시 팔레스타인 지역에는 아랍인들이 살고 있었습니다. 하지만 전쟁 이후 유대인들이 팔레스타인 지역으로 모여 이스라엘이라는 국가를 세우자 두 민족 간에 갈등이 시작되었습니다. 유대인들은 자신들이 고대부터 팔레스타인 지역에서 살아오다가 **로마 제국**에 의해 민족이 뿔뿔이 흩어졌으니 그 지역은 원래 자신들의 영토라고 주장했습니다. 하지만 그 지역에 살고 있던 아랍인들도 자신들의 권리를 주장하며 팔레스타인 해방 기구라는 **자치** 정부를 설립하였습니다. 이 분쟁은 유대인들이 믿는 유대교와 아랍인들이 믿는 이슬람교 사이의 종교 갈등으로까지 번졌습니다. 이 기나긴 갈등으로 많은 사람이 죽고 삶의 **터전**을 잃었지만, 오늘날까지도 다툼이 이어지고 있습니다.

인도에서는 카슈미르 지역에서 분쟁이 이어지고 있습니다. 인도는 다양한 종교가 있는 국가입니다. 그 가운데 힌두교와 이슬람교가 중심을 이루고 있습니다. 18세기 영국의 식민지였던 인도 제국에서는 힌두교도와 이슬람교도가 나뉘어 독립운동을 벌였습니다. 1947년이 되자 한 국가였던 인도 제국은 힌두교를 믿는 인도와 이슬람교를 믿는 파키스탄으로 나뉘어 독립하였습니다. 이 과정에서 카슈미르 지역은 어느 나라에 속할지 확정되지 않았습니다. 이를 두고 두 국가 사이에 영토 분쟁이 일어나 오늘날까지 갈등이 계속되고 있습니다. 또 영토 문제뿐 아니라 힌두교와 이슬람교 사이의 종교적 갈등도 이어지고 있습니다.

일본과 중국, 대만은 동중국해에 있는 무인도 댜오위다오(일본명 센카쿠 열도)를 두고 갈등을 겪고 있습니다. 이 지역에 묻혀 있는 어마어마한 자원과 지리적 이점을 차지하기 위해 세 나라가 각자의 **영유권**을 주장하기 때문입니다. 현재는 1895년에 청일 전쟁에서 승리한 일본이 자국의 영토로 편입하여 **점유**하고 있지만, 이 지역을 노리는 중국이나 대만과의 무력 충돌과 외교 갈등은 날이 갈수록 심해지고 있습니다.

다른 지구촌 갈등으로는, 이라크, 이란, 튀르키예 등에 소수로 흩어져 거주하는 민족인 쿠르드족의 분리 독립운동이나, **수자원** 확보를 두고 중국과 ㉠ 동남아시아 국가들이 다투고 있는 메콩강 유역 갈등 등이 있습니다. 시리아 내전처럼 독재 정치와 종교 등의 문제로 한 국가 안에서 일어나는 갈등도 있습니다. 이처럼 오늘날도 지구촌은 복잡한 **이해관계**가 얽힌 갈등으로 **골머리를 앓고** 있습니다.

자국 자기 나라. 自 자기 자 國 나라 국　　**타국** 자기 나라가 아닌 남의 나라. 他 남 타 國 나라 국　　**분쟁** 말썽을 일으키어 시끄럽고 복잡하게 다툼. 紛 어지러울 분 爭 다툴 쟁　　**영토** 한 나라의 통치권이 미치는 지역. 領 다스릴 영 土 땅 토　　**로마 제국** 기원전 7세기에 세운 서양 고대의 최대 제국(황제가 다스리는 나라). 395년에 동로마 제국과 서로마 제국으로 나뉘어, 서로마 제국은 476년에, 동로마 제국은 1453년에 멸망했다. Roma 帝 임금 제 國 나라 국　　**자치** 스스로 다스림. 自 스스로 자 治 다스릴 치　　**터전** 자리를 잡은 곳.　　**영유권** 일정한 영토를 차지하여 다스릴 권리. 領 다스릴 영 有 가질 유 權 권리 권　　**점유** 물건이나 영역, 지위 등을 차지함. 占 차지할 점 有 가질 유　　**수자원** 농업, 공업, 발전용 따위의 자원이 되는 물. 水 물 수 資 재물 자 源 근원 원　　**이해관계** 서로 이익과 손해가 걸려 있는 관계. 利 이익 이 害 손해 해 關 관계할 관 係 이을 계　　**골머리를 앓고** 어떻게 해야 할지 몰라서 머리가 아플 정도로 생각에 몰두하고.

---

1 이 글의 내용과 관련이 <u>없는</u> 말을 고르세요.

주제

① 갈등　　　　　　② 분쟁　　　　　　③ 축제

④ 지구촌　　　　　⑤ 다툼

2 이 글의 내용과 일치하지 <u>않는</u> 것을 고르세요.

내용
파악

① 지구촌이란 한 나라 전체를 한 마을처럼 가깝게 여겨 이르는 말이다.

② 영토, 자원, 종교, 민족 등 다양한 원인으로 갈등이 생긴다.

③ 세계 각국은 자국의 이익을 중시하다 보니 타국과의 갈등이 발생한다.

④ 한 국가 안에서도 사람들의 의견이 나뉘어 갈등이 발생한다.

⑤ 시리아 내전은 한 국가 안에서 일어나는 갈등이다.

3 이스라엘-팔레스타인 분쟁은 어떤 종교 간의 갈등인지 해당하는 종교를 <u>모두</u> 고르세요.

내용
파악

① 불교　　　　　　② 유대교　　　　　③ 기독교

④ 한두교　　　　　⑤ 이슬람교

4 카슈미르 분쟁에 대한 설명으로 옳은 것을 고르세요.

내용
파악

① 카슈미르 지역이 속한 인도 제국은 18세기 미국의 식민지였다.

② 1947년에 인도 제국은 인도와 파키스탄으로 나뉘어 독립하였다.

③ 인도는 이슬람교를 믿는 사람들이, 파키스탄은 힌두교를 믿는 사람들이 만든 국가다.

④ 카슈미르 지역은 원래 파키스탄의 영토였으나 인도가 전쟁을 일으켜 빼앗았다.

⑤ 카슈미르 분쟁은 모두 종료되었다.

5 밑줄 친 ㉠에 해당하지 <u>않는</u> 국가를 고르세요.

배경
지식

① 베트남   ② 태국   ③ 인도네시아
④ 우즈베키스탄   ⑤ 필리핀

6 앞 글에서 설명한 지구촌 갈등과 그 원인을 <u>잘못</u> 짝지은 것을 고르세요.

내용
파악

① 이스라엘 – 팔레스타인 분쟁 — 영토, 민족, 종교

② 댜오위다오 분쟁 — 자원, 지리적 이점

③ 쿠르드족 독립 분리 운동 — 민족

④ 메콩강 유역 갈등 — 종교

⑤ 시리아 내전 — 정치, 종교

7 다음 설명을 읽고 독도 분쟁의 원인을 고르세요.

적용

> 독도 분쟁은 독도에 대해 일본이 영유권을 주장하면서 비롯된 갈등이다. 일본은 1600년대에 독도를 발견하고 그 이후로 이용해 왔다며 독도가 자신들의 땅임을 주장하고 있다. 하지만 1454년에 편찬된 〈세종실록 지리지〉에는 독도가 대한민국의 땅이라고 쓰여 있으며, 1530년에 만들어진 〈신증동국여지승람〉의 지도에도 독도가 명확히 표시되어 있다. 일본은 오늘날까지 이를 인정하지 않고 교과서에 독도를 자신들의 땅이라고 표기하고, 2월 22일을 다케시마('독도'의 일본식 명칭)의 날로 지정하는 등 도발을 계속하고 있다.

① 정치   ② 종교   ③ 언어
④ 인종   ⑤ 영토

1단계　다음 낱말의 뜻을 찾아 줄로 이으세요.

(1) 타국　　●　　　　　　　　　●　㉠ 자리를 잡은 곳.

(2) 터전　　●　　　　　　　　　●　㉡ 물건이나 영역, 지위 등을 차지함.

(3) 점유　　●　　　　　　　　　●　㉢ 자기 나라가 아닌 남의 나라.

2단계　다음 문장의 빈칸에 알맞은 낱말을 위에서 찾아 쓰세요.

(1) 한반도는 우리 겨레의 [　　　　　]이다.

(2) 유환이는 내년에 가족과 함께 [　　　　　]으로 떠날 예정이다.

(3) 독도는 우리나라가 [　　　　　]하고 있는 우리 땅이다.

3단계　다음 설명을 읽고 밑줄 친 단어의 뜻을 고르세요.

자국	① 자기 나라.
	② 다른 물건이 닿거나 묻어서 생긴 자리.

(1) 책상에 엎드려 잠을 잤더니 얼굴에 <u>자국</u>이 생겼다.　　　　　(　　　)

(2) 세계 각국은 <u>자국</u>의 이익을 최우선으로 생각한다.　　　　　(　　　)

뉴스 진행자: 오늘의 첫 소식입니다. 한밤중에 주무시다가 놀라신 분 많을 겁니다. 오늘 새벽, 충청도 **내륙** 지역에서 **리히터 규모** 3.8의 지진이 발생했습니다. 올해 들어 가장 큰 지진인데요, 충청도 **전역**은 물론이고 수도권에서도 지진을 느꼈다는 신고가 이어졌습니다. 다행히도 **인명** 피해는 없었습니다. 김성훈 기자가 자세한 소식 전달해드리겠습니다.

김성훈 기자: 모두가 잠든 오늘 새벽 1시 52분, 충청북도 보은군 북쪽 13km 지역에서 리히터 규모 3.8의 지진이 발생했습니다. 올해 국내에서 발생한 지진 중 가장 큰 규모입니다. 규모 3.5 이상의 지진은 2년 전 경북 경주 앞바다에서 발생한 규모 4.2의 지진 이후 22개월 만에 발생했습니다. 이번 지진으로 충청도 전역은 물론이고, 수도권과 경상북도, 전라북도, 강원도 일부 지역에서도 지진을 느낄 수 있었습니다. 시민들을 만나 이야기를 들어 봤습니다.

시민1(보은군): 자다가 깜짝 놀라서 깼어요. 저는 전쟁이 난 줄 알았습니다. 지진이 일어났다는 재난 문자를 본 뒤에는 지진이 더 일어날까 봐 **뜬눈**으로 밤을 새웠습니다.

시민2(서울시): 내일 시험이 있어서 새벽까지 공부하고 있었는데 책상이 미세하게 떨리는 거예요. 처음에는 제 휴대 전화기 진동 때문인 줄 알았는데 알고 보니 지진이었던 거죠. 태어나서 처음 느껴본 지진이라서 기분이 이상했어요. 이것보다 큰 지진이 서울 **한복판**에서 일어난다면 어떻게 될지 상상하니까 정말 끔찍했습니다.

김성훈 기자: 이번 지진으로 전국 소방서에 지진을 느꼈다는 신고와 문의 전화가 100건 넘게 걸려 왔습니다. 정부는 이번 지진으로 발생한 인명 피해는 없다고 발표했습니다. 지진이 발생한 보은군과 **인접** 지역에서는 ⟨　⊙　⟩ 등 재산 피해 신고가 총 여덟 건 접수되었습니다. 전문가들은 이번 지진 이후에 **여진**이 발생할 가능성이 있으니 지역 주민들이 지진 대비 행동 **요령**을 **숙지**해 달라고 당부했습니다. 지금까지 김성훈이었습니다.

내륙 바다에서 멀리 떨어져 있는 육지. 內 안 내 陸 뭍 륙　　**리히터 규모** 지진에 의해 리히터 지진계에 기록된 지각의 진동 수치. Richter 規 법칙 규 模 모양 모　　**전역** 어느 지역의 전체. 全 모두 전 域 구역 역　　**인명** 사람의 목숨. 人 사람 인 命 목숨 명　　**뜬눈** 밤에 잠을 이루지 못한 눈.　　**한복판** '복판(일정한 공간이나 사물의 한가운데)'을 강조하여 이르는 말.　　**인접** 이웃하여 있음. 鄰 이웃 인 接 접할 접　　**여진** 큰 지진이 일어난 다음에 얼마 동안 잇따라 일어나는 작은 지진. 餘 나머지 여 震 지진 진　　**요령** 일을 하는 데에 필요한 묘한 이치. 要 중요할 요 領 요점 령　　**숙지** 익숙하게 또는 충분히 앎. 熟 익숙할 숙 知 알 지

1

주제

이 글이 전하고 있는 내용은 무엇인가요?

① 지진 대비 행동 요령.

② 새벽에 발생한 지진에 대한 정보.

③ 충청북도 보은군에서 발생한 과거 지진을 연도별로 소개.

④ 지구의 환경오염으로 인한 기상 이변과 기후 변화 현상.

⑤ 지진이 발생하는 원리.

2

내용
파악

이 글의 내용으로 틀린 것을 고르세요.

① 오늘 새벽, 충청북도 보은군 북쪽 13km 지역에서 지진이 발생했다.

② 지진의 규모는 3.8로 올해 국내에서 발생한 지진 중에서 두 번째로 큰 규모이다.

③ 규모 3.5 이상의 지진은 22개월 전 경북 경주 앞바다에서 일어난 지진 이후로 처음이다.

④ 정부는 이번 지진으로 인명 피해가 발생하지 않았다고 발표했다.

⑤ 보은군과 그 인접 지역에서 재산 피해 신고가 총 여덟 건 접수되었다.

3

추론

빈칸 ㉠에 들어갈 내용으로 적절하지 않은 것을 고르세요.

① 주택의 벽에 금이 가는

② 창고 건물이 무너져내리는

③ 축사의 지붕이 파손되는

④ 접시가 떨어져 깨지는

⑤ 계단에서 넘어져 다리를 긁히는

* **축사**: 가축을 기르는 건물.

4 이 글을 읽고 지진을 느꼈을 가능성이 제일 낮은 곳을 고르세요.

추론

① 서울   ② 대전   ③ 제주

④ 대구   ⑤ 전주

5 이 글을 읽고 친구들과 대화를 나누었습니다. <u>틀린</u> 말을 한 친구를 고르세요.

감상

① 민기: 나도 앞으로 지진을 느끼면 바로 학교에 신고 전화를 걸어야겠어.

② 경문: 지진의 피해가 크지 않아서 다행이야. 사람이 다치지 않는 게 제일 중요해.

③ 나연: 우리나라는 지진에서 안전한 줄 알았는데 방심하면 안 되겠어.

④ 혜서: 잠을 자다가 땅이 흔들려서 깨다니 얼마나 놀랐을까?

⑤ 진경: 지진 대비 행동 요령을 잘 숙지해서 나와 우리 가족을 안전하게 지켜야겠어.

6 다음 중 뉴스 기사의 내용으로 적절하지 <u>않은</u> 소재를 고르세요.

배경
지식

① 국내외의 사건 및 사고

② 문화 행사 소식

③ 일기 예보

④ 뉴스 진행자의 취미

⑤ 국내외 스포츠 소식

7 상황별 올바른 지진 대비 행동 요령으로 <u>틀린</u> 것을 고르세요.

배경
지식

① 지진으로 건물이 흔들릴 때에는 책상 아래로 들어가 몸을 보호하고, 책상 다리를 꼭 잡는다.

② 건물의 흔들림이 멈췄을 때에는 전기와 가스를 차단하고, 건물 밖으로 대피한다.

③ 건물 밖으로 나갈 때에는 엘리베이터를 이용해서 신속하게 탈출한다.

④ 떨어지는 물건에 유의하여 가방이나 손으로 머리를 보호하며 운동장이나 공원 등 넓은 공간으로 대피한다.

⑤ 안전한 곳에 도착하면 라디오나 공공기관의 안내 방송을 들으며 상황에 따라 행동한다.

1단계　다음 낱말들의 뜻을 바르게 이으세요.

(1) 전역　●　　　　　　　　　　●　㉠ 이웃하여 있음.

(2) 요령　●　　　　　　　　　　●　㉡ 일을 하는 데에 필요한 묘한 이치.

(3) 인접　●　　　　　　　　　　●　㉢ 어느 지역의 전체.

2단계　다음 문장의 빈칸에 알맞은 낱말을 위에서 찾아 쓰세요.

(1) 오늘은 수도권 [　　　　　] 에 비가 강하게 내리겠습니다.

(2) 같은 일을 반복하다 보면 어느새 [　　　　　] 이 생긴다.

(3) 우리 동네는 지하철역과 [　　　　　] 해서 교통이 편리하다.

3단계　다음 설명을 읽고 '한복판'과 같은 뜻이 <u>아닌</u> 낱말을 고르세요.

(1)　　**한복판**: '복판(일정한 공간이나 사물의 한가운데)'을 강조하여 이르는 말.

① 한가운데　　　　　② 중앙　　　　　③ 가운데

④ 귀퉁이　　　　　　⑤ 중심

앞부분 이야기: 3년 전, 엄마가 돌아가신 뒤로 나는 아빠와 둘이 살았다. 어느 날, 할머니께서 아빠께 **국제결혼**을 권하셨다. 아빠는 '프엉('향기'라는 뜻)'이라는 베트남 사람과 결혼하셨다. 하지만 나는 새엄마가 마음에 들지 않았다. 나는 아직 친엄마를 잊지 못했고, 새엄마가 베트남 사람인 걸 알면 친구들이 놀릴 것이기 때문이다. 그래서 나는 새엄마에게 불친절하고 버릇없이 굴었다.

요즈음 들어 아빠께서는 **부쩍** 새엄마를 챙기셨다. 일주일에 한두 번은 꼭 일찍 들어오셨다. 집에 오실 때는 과일이나 **주전부리**를 사 오시는 날이 많아졌다. 하루는 반짝이는 꽃무늬 머리핀을 사 오셨다. 새엄마는 그 머리핀을 늘 머리에 꽂았다.

며칠 뒤, 세수를 하다 비누 옆에 놓인 머리핀을 보았다. 나는 슬쩍 그 머리핀을 호주머니에 넣었다. 학교에 가려고 방에서 나왔을 때, 열려 있는 화장실 문틈으로 새엄마가 머리핀을 찾는 모습이 보였다. 나는 모른 척하고 집을 나왔다.

오늘따라 날씨가 흐렸다. 학교 가는 길에 자꾸만 화장실 문틈으로 보았던 새엄마의 작은 등이 떠올랐다. 왜 자꾸 생각이 나는 것인지 모르겠다. 새엄마 생각에 마음만 자꾸 **찜찜하였다**. 날씨 때문인지 기분 때문인지 기운이 빠지고 머리도 아파 왔다. 나는 머리를 세차게 가로저었다. 내 머릿속에서 새엄마의 모습을 떨쳐 내고 싶었다.

학교에서 놀다가 학원으로 바로 가야겠다고 생각하였다. 새엄마가 나한테 손짓, 발짓을 해 가며 머리핀에 대하여 물어볼 것만 같았다. 거짓말도 하기 싫고 내가 가져갔다고 하기에는 좀 **유치하였다**. 새엄마를 보는 것이 다른 어느 날보다 **내키지** 않았다. 이럴 때에는 피하는 것이 가장 좋은 수단이다.

하루 종일 날이 흐리더니 학원을 나서는데 비가 한두 방울 떨어졌다. 오늘따라 몸이 자꾸 무거웠다. 비는 오는데 우산도 없었다. 그냥 집으로 갈까 하는 생각도 들었다. 하지만, 새엄마랑 둘이 있을 것을 생각하자 발걸음이 태권도 도장으로 향하였다.

"얍! 얍! 얍!"

계단을 뛰어 올라가는데 기합 소리가 울렸다. 그때 갑자기 밖에서 천둥소리가 들렸다. 나는 **움찔거리며** 멈추어 섰다. 번쩍하는 것은 번개였고 뒤이어서 다시 천둥소리가 들렸다.

태권도 도장에서 나올 때쯤 비는 세차게 내리고 있었다. 엄마들 중에는 우산을 관장님 방에 맡겨 두고 가시는 분도 있었다. 어떤 엄마들은 도장 앞에서 아이를 기다리고 있었다. 계단을 내려오는데 새엄마가 노란 우산을 들고 서 있는 것이 보였다. 주변에 서 있던 아주머니들이 새엄마를 힐끔 쳐다보고 **수군거리는** 것이 보였다. ㉠ 나는 **멈칫거리다가** 다시 계단 위로 서둘러 올라왔다. 이 층 복도 창문으로 아래를 내려다보았다. 새엄마의 노란 우산이 보였다.

'쳇! 뭐야? 엄마 흉내나 내고!'

나는 상가 건물 안의 다른 계단으로 내려왔다. 현관을 나와 모퉁이에서 새엄마를 보았다. 노란 우산 아래로 새엄마의 긴 머리카락이 까맣게 보였다.

굵은 빗방울이 세차게 내렸다. 나는 새엄마를 두고 몰래 그 자리를 피하였다. 빗물이 금세 얼굴을 타고 내렸다. 문득 엄마가 보고 싶었다. 새엄마 말고 진짜 우리 엄마 말이다.

'이야기가 35회로 이어집니다.'

국제결혼 국적이 다른 남녀가 결혼하는 일. 國 나라 국 際 사이 제 結 맺을 결 婚 혼인할 혼   **부쩍** 갑자기 늘거나 주는 모양.   **주전부리** 맛이나 재미, 심심풀이로 먹는 음식.   **찜찜하였다** 마음에 꺼림칙한 느낌이 있었다.   **유치하였다** 수준이 낮거나 미숙하였다. 幼 어릴 유 稚 어릴 치   **내키지** 하고 싶은 마음이 생기지.   **움찔거리며** 깜짝 놀라 갑자기 몸을 자꾸 움츠리며.   **수군거리는** 남이 알아듣지 못하도록 낮은 소리로 자꾸 이야기하는.   **멈칫거리다가** 하던 일이나 동작을 자꾸 갑자기 멈추다가.

1

내용
파악

이 글의 내용으로 옳지 <u>않은</u> 것을 고르세요.

① 새엄마는 베트남 사람이다.

② 아빠는 국제결혼을 했다.

③ 아빠와 친엄마는 3년 전에 이혼했다.

④ 나는 새엄마에게 불친절하고 버릇없이 굴었다.

⑤ 새엄마의 이름은 '프엉'이다.

2

추론

'나'가 새엄마의 머리핀을 가지고 나온 까닭은 무엇인가요?

① 할머니께 보여 드리려고.   ② 친구에게 선물하려고.

③ 새엄마의 머리핀이 탐나서.   ④ 새엄마를 골탕 먹이려고.

⑤ 새엄마와 똑같은 머리핀을 사려고.

3

내용
파악

'나'가 새엄마를 마음에 들어 하지 <u>않는</u> 까닭은 무엇인가요?

① 아빠가 새엄마만 챙겨서.

② 새엄마가 베트남 사람이라서.

③ 새엄마와 말이 통하지 않아서.

④ 새엄마의 외모가 예쁘지 않아서.

⑤ 새엄마를 좋아하면 친엄마가 슬퍼할 것 같아서.

4

추론

'나'가 ㉠처럼 행동한 까닭은 무엇인가요?

① 새엄마와 마주치지 않으려고.

② 비가 멈추길 기다렸다 가려고.

③ 새엄마를 깜짝 놀라게 해 주려고.

④ 태권도 도장에 두고 온 물건이 있어서.

⑤ 새엄마를 쳐다보는 아주머니들에게 화가 나서.

5

추론

'나'의 마음을 <u>잘못</u> 이해한 사람은 누구인가요?

① 유라: 새엄마를 챙기는 아빠가 미웠을 것 같아.

② 형돈: 새엄마가 베트남 사람인 것을 창피하게 생각하는 것 같아.

③ 태환: 아빠에게 국제결혼을 권한 할머니에게 감사하게 생각하는 것 같아.

④ 나래: 아직 친엄마를 많이 그리워하는 것 같아.

⑤ 주원: 새엄마가 미워서 머리핀을 가지고 나왔지만 미안한 마음이 들었던 것 같아.

6

배경
지식

이 글 속 '나'의 가족처럼 서로 국적이나 문화가 다른 남녀가 결혼하여 이룬 가족을 무엇이라 하나요?

① 대가족　　　　　　　　　　② 핵가족

③ 조손 가족　　　　　　　　　④ 확대 가족

⑤ 다문화 가족

어휘력 기르기

1단계 다음 낱말의 뜻을 찾아 줄로 이으세요.

(1) 부쩍　　　•

(2) 주전부리　•

(3) 내키지　　•

• ㉠ 하고 싶은 마음이 생기지.

• ㉡ 갑자기 늘거나 주는 모양.

• ㉢ 맛이나 재미, 심심풀이로 먹는 음식.

2단계 위에서 배운 낱말을 빈칸에 넣어 문장을 완성하세요.

(1) 준성이는 겨울 방학 동안 키가 [　　　　　] 자랐다.

(2) 어머니는 할머니께 드릴 [　　　　　] 를 사 오셨다.

(3) 지호는 [　　　　　] 않았지만 친구의 부탁을 들어주었다.

3단계 설명을 읽고 빈칸에 들어갈 알맞은 말을 '예'에서 찾아 쓰세요.

> **'-거리다'**: '그런 상태가 잇따라 계속됨'의 뜻을 더하는 말.
>
>  움찔거리다, 수군거리다, 멈칫거리다

(1) 한겨울에 반바지를 입은 나를 보며 사람들이 [　　　　　] 거렸다.

(2) 태호는 효리네 집 앞에서 걸음을 [　　　　　] 거리다가 용기를 내어 초인종을 눌렀다.

(3) 동생은 천둥소리가 들릴 때마다 몸을 [　　　　　] 거리며 비명을 질렀다.

7주
34회

가운데 부분의 내용: 비를 맞으며 집으로 돌아오니 몸이 춥고 떨렸다. 나는 차가운 방에 누워 잠이 들었다. 꿈속에서 친엄마를 만났다. 친엄마는 아픈 나를 간호해 주었다. 손도 잡아 주고 이름도 불러 주었다. **꿈결**이라 그런지 친엄마가 내 이름을 어설프게 부르는 것 같았다. 그 소리가 차츰 멀어져 가는 것을 느끼며 나는 잠에서 깨어났다.

문득, 내 손을 누군가가 잡고 있다는 것을 알았다. 새엄마였다. 새엄마가 내 손을 잡은 채 옆에 누워 있었다. 그 손이 부드럽고 따뜻하였다.

㉠ 새엄마의 손이 따뜻하다는 것이 새삼스럽게 여겨졌다. 나는 잠시 동안 새엄마의 따뜻한 손길을 느꼈다.

'발딱발딱.' 내 손인지 새엄마 손인지 모르겠지만 **맥박**이 뛰는 것이 느껴졌다. 새엄마가 숨을 쉴 때마다 입에서 따뜻한 바람이 살며시 나왔다. 나는 손을 빼냈다.

문득, 내가 당연한 사실을 몰랐다는 것을 깨달았다. 새엄마도 부드러운 살갗과 따스한 **숨결**을 지닌 사람이라는 생각이 들었다. 갑자기 눈이 녹아내리듯 내 마음에서 무엇인가 흘러내려 **말끔하여지는** 느낌이 들었다.

"메……, 메……."

메가 무엇인지 모르지만, 새엄마는 자꾸 '메'라고 중얼거렸다.

이튿날 아침, 새엄마는 자리에서 일어나지 못하였다. 며칠 동안 새엄마는 끙끙 앓았다. 할머니께서 새엄마를 돌보러 집에 오셨다.

"얘가 집이 그리워서 병이 난 게야. 자꾸 '메, 메' 하기에 알아보니 '엄마'라고 하더라. 말도 안 통하지, 음식도 안 맞지, 아는 사람도 하나 없지. 마음은 얼마나 외롭겠냐? 고향도 생각도 나고 엄마도 보고 싶겠지……. 그러니까 한별이가 좀 잘하렴. 자꾸 **타박** 놓지 말고."

"할머니는 내가 어쨌다고……."

할머니의 말씀을 듣자 내가 못되게 굴어 새엄마가 아픈 것 같아 조금 미안하였다. ㉡ 나는 새엄마에게 머리핀을 돌려주기로 마음먹었다.

머리핀을 들고 큰방으로 갔다. 새엄마는 **곤히** 잠들어 있었다. **까치발**로 들어가 새엄마 옆에 앉았다. 새엄마의 까만 속눈썹에 눈물이 맺혀 있었다. 엄마께서 돌아가신 얼마 뒤의 내 모습과 닮았다. 내 눈이 **시큰하였다.**

"왜 자면서 울어요? 꿈속에서라도 엄마를 만나지. 나는 꿈속에서 엄마랑 만나는데."

ⓒ 그때 갑자기 새엄마가 눈을 떴다. 새엄마의 촉촉하게 젖은 눈동자가 유난히 까맣게 보였다. 새엄마는 잠든 것이 아니라 눈만 감고 있었던 모양이었다. ⓔ 나는 꽃무늬 머리핀을 새엄마의 손에 쥐어 주었다. 새엄마가 머리핀을 보고 조금 놀라는 눈치였다. 내가 가져갔다고는 꿈에도 생각하지 못한 모양이다. 나는 조금 부끄러워서 머리를 긁적였다.

"죄송해요. 앞으로는 안 그럴게요. 그러니까 새엄마도 기운 차려요. 얼른 일어나세요."

내 말을 알아듣는 양 새엄마가 한없이 미소 지었다. 새엄마의 눈에 눈물이 **일렁거렸다.** 나도 **콧잔등**이 뜨끈해졌다.

새엄마는 자리에서 일어나 앉았다. 머리핀을 머리에 꽂았다. 문득 ⓜ 새엄마에게서 꽃향기가 나는 것 같았다.

– 한아, 〈바다 건너 불어온 향기〉

꿈결 꿈을 꾸는 어렴풋한 동안.　　**맥박** 심장이 피를 내뿜을 때마다 피가 핏줄에 닿아서 생기는 주기적 움직임. 脈 맥박 맥 搏 두드릴 박　　**숨결** 숨 쉬는 속도나 상태.　　**말끔하여지는** 맑고 환하게 깨끗하여지는.　　**타박** 남이 한 짓이 마음에 들지 않아 핀잔하거나 꾸짖는 것.　　**곤히** 몹시 고단하여 깊이 잠든 상태로. 困 곤할 곤　　**까치발** 발뒤꿈치를 든 발.　　**시큰하였다** 조금 저렸다.　　**일렁거렸다** 촛불 따위가 이리저리 자꾸 흔들렸다.　　**콧잔등** 두 눈 사이에서 조금 아래, 코뼈가 있는 부분.

1

이 글의 내용과 <u>다른</u> 것은 무엇인가요?

① 새엄마가 나를 간호해 주었다.

② 나는 꿈속에서 돌아가신 엄마를 만났다.

③ 새엄마는 내가 머리핀을 가져간 것을 알고 있었다.

④ 할머니가 새엄마를 돌보아 주었다.

⑤ 새엄마도 자신의 엄마를 그리워했다.

2

추론

이 글에서 '나'가 겪은 갈등은 무엇일까요? 가장 두드러진 것을 고르세요.

① 사람과 사람의 갈등.　　　　　　② 사람과 사회의 갈등.

③ 사람과 동물의 갈등.　　　　　　④ 사람과 자연의 갈등.

⑤ 나라와 나라의 갈등.

3

내용
파악

새엄마를 싫어하던 '나'의 마음이 풀리게 된 가장 중요한 사건은 무엇인가요?

① 할머니께 꾸중을 들은 일.

② 새엄마가 며칠 동안 앓은 일.

③ 새엄마가 우는 모습을 본 일.

④ 새엄마가 아픈 나를 간호해 준 일.

⑤ 내가 머리핀을 가져갔는데도 새엄마가 혼내지 않은 일.

4

추론

㉠~㉤ 가운데 새엄마와 '나' 사이의 갈등이 풀릴 것으로 짐작되는 부분이 아닌 것을 고르세요.

① ㉠ 새엄마의 손이 따뜻하다는 것이 새삼스럽게 여겨졌다.

② ㉡ 나는 새엄마에게 머리핀을 돌려주기로 마음먹었다.

③ ㉢ 그때 갑자기 새엄마가 눈을 떴다.

④ ㉣ 나는 꽃무늬 머리핀을 새엄마의 손에 쥐어 주었다.

⑤ ㉤ 새엄마에게서 꽃향기가 나는 것 같았다.

5

요약

'나'와 '새엄마' 사이에 있었던 일을 중심으로 이 글 전체를 요약했습니다. 괄호 안에 알맞은 낱말을 쓰세요.

> 나는 아빠가 새엄마에게 선물한 머리핀을 감추었다. 그날, 비가 내려 새엄마는 우산을 들고 (1)
> (　　　　　　　　) 도장으로 나를 마중 나왔다. 하지만 나는 새엄마를 두고 몰래 그 자리를 피
> 했다. 나는 (2) (　　　　　　　　)를 맞으며 다른 길로 집에 온 뒤 차가운 방에 누워 잠이 들었다.
> 새엄마는 감기에 걸린 나를 정성껏 간호하였다. 이튿날부터 새엄마는 며칠동안 앓았다. 병이 난
> 새엄마를 보고 미안한 마음이 들어, 나는 새엄마에게 (3) (　　　　　　　　)을 돌려주었다.

어휘력 기르기

1단계 다음 낱말들의 뜻을 바르게 이으세요.

(1) 타박 •   • ㉠ 발뒤꿈치를 든 발.

(2) 곤히 •   • ㉡ 몹시 고단하여 깊이 잠든 상태로.

(3) 까치발 •   • ㉢ 남이 한 짓이 마음에 들지 않아 핀잔하거나 꾸짖는 것.

2단계 위에서 배운 낱말을 빈칸에 넣어 문장을 완성하세요.

(1) 태정이는 [   ] 잠든 동생에게 이불을 덮어 주었다.

(2) 진우는 키가 커 보이려고 [   ] 로 서 있었다.

(3) 형은 내가 끓인 라면을 먹고는 맛이 없다고 [   ] 을 하였다.

3단계 다음 설명을 읽고 빈칸에 알맞은 말을 넣어 문장을 완성하세요.

> **채**: 있는 상태 그대로. 앞말과 띄어 쓴다.
>
> **-째**: 어떤 낱말 뒤에 붙어, '그대로' 또는 '모두'라는 뜻을 더하는 말.

(1) 은정이는 사과를 껍질 [ ] 먹었다.

(2) 재승이는 세수도 하지 않은 [ ] 학교로 달려갔다.

(3) 혜정이는 불을 켜 놓은 [ ] 로 잠이 들었다.

경제란 우리가 살아가는 데에 필요한 **재화**나 서비스를 생산하고 소비하는 활동을 말합니다. 여기서 '재화'는 쌀, 옷, 신발, 학용품 등 우리 생활에 필요한 물건이고, '서비스'는 버스 기사가 승객을 이동시키는 행위, 의사가 환자를 진료하는 행위처럼 다른 사람을 만족시키는 일입니다. 또 재화나 서비스를 만들어 내는 행동을 '생산 활동', 돈을 주고 재화나 서비스를 사는 행동을 '소비 활동'이라고 합니다. 그리고 생산 활동과 소비 활동을 합쳐서 '경제 활동'이라고 합니다.

우리나라 경제 활동의 특징 중 하나는 '자유'입니다. 우리는 부모님께 받은 용돈으로 군것질을 할 수도, 학용품을 살 수도, 은행에 저축할 수도 있습니다. 즉 '경제 활동의 자유'란 다른 사람의 간섭을 받지 않고 자신의 뜻대로 경제 활동을 하는 것입니다.

경제 활동의 자유로 개인이나 기업은 능력과 재능을 마음껏 발휘할 수 있습니다. 개인은 자신이 원하는 직업을 자유롭게 선택하여 일할 수 있고, 일하여 번 돈을 자유롭게 쓸 수 있습니다. 기업은 어떤 물건을 만들어서 팔지, 물건을 팔아서 번 돈을 어떻게 사용할지 자유롭게 결정할 수 있습니다.

우리나라 경제 활동의 또 다른 특징은 '경쟁'입니다. 개인과 기업은 원하는 것을 얻기 위해 경쟁하고 있습니다. 개인은 원하는 직업을 얻기 위해서, 기업은 좋은 제품을 만들어 더 많은 **이윤**을 얻기 위해서 경쟁합니다.

기업들 사이에서 볼 수 있는 경쟁의 종류는 다양합니다. 물건을 더 팔기 위해 '가격 경쟁'을 하고, 손님을 더 끌려고 '서비스 경쟁'을 합니다. 또 제품을 널리 알리는 '광고 경쟁'과 더 좋은 물건을 만들려는 '품질·디자인 경쟁' 등을 합니다. 기업들은 경쟁을 통해 좋은 상품을 개발해 이윤을 많이 남길 수 있고, 소비자는 더 좋은 상품을 살 수 있습니다.

하지만 기업의 지나친 경쟁은 소비자들에게 피해를 줄 수도 있습니다. 과도한 가격 경쟁으로 기업이 질 나쁜 재료로 제품을 만들거나, 무리한 광고 경쟁으로 **허위·과장** 광고를 하면 그 피해는 소비자에게 돌아갑니다. 또 경쟁에 지친 기업들이 **담합**하여 가격을 올리면 소비자들은 재화나 서비스를 비싼 값에 구입해야 합니다.

그래서 ㉠ 기업의 **공정**하지 못한 경제 활동을 막기 위해 정부와 시민 단체는 다양한 노력을 하고 있습니다.

재화 사람이 바라는 바를 충족시켜 주는 모든 물건. 財 재물 재 貨 물건 화　**이윤** 장사를 하여 남은 돈. 利 이익 이 潤 이득 윤　**허위** 거짓으로 꾸민 것. 虛 헛될 허 僞 거짓 위　**과장** 실제보다 부풀리는 것. 誇 자랑할 과 張 속일 장　**담합** 남이 모르게 미리 의논하여 정하는 일. 談 말씀 담 合 합할 합　**공정** 공평하고 올바름. 公 공평할 공 正 바를 정

1

주제

이 글의 중심 내용을 고르세요.

① 우리나라 경제 활동의 특징.　　　② 재화의 종류.

③ 서비스의 종류.　　　④ 허위·과장 광고.

⑤ 공정 거래법의 뜻.

2

내용
파악

이 글에 담기지 않은 내용은 무엇인가요?

① 경제의 뜻.　　　② 경제 활동의 뜻.

③ 기업 간 경쟁의 종류.　　　④ 합리적인 소비 방법.

⑤ 기업의 지나친 경쟁이 소비자들에게 끼치는 피해.

3

내용
파악

경제 활동의 자유에 해당하지 않는 것을 고르세요.

① 기업은 원하는 물건을 생산할 수 있다.

② 기업들은 담합하여 물건의 가격을 정할 수 있다.

③ 개인은 원하는 직업을 자유롭게 선택할 수 있다.

④ 기업은 물건을 팔아 번 돈을 자유롭게 쓸 수 있다.

⑤ 개인은 일하고 번 돈을 어떻게 사용할지 결정할 수 있다.

4 다음 중 기업 간의 경쟁으로 나타날 수 있는 모습을 고르세요.

적용

① 원하는 회사에 취직하기 위해 시험을 본다.

② 품질이 좋고 디자인이 새로운 상품을 기업이 개발한다.

③ 기업이 원하는 제품을 만든다.

④ 기업이 번 돈을 자유롭게 사용한다.

⑤ 좀 더 싼 가격으로 물건으로 사기 위해 공동 구매를 한다.

5 기업 간의 '광고 경쟁'으로 소비자가 얻을 수 있는 이익은 무엇인가요?

추론

① 질 좋은 제품을 저렴한 가격에 살 수 있다.

② 제품의 가격을 회사가 마음대로 올릴 수 없다.

③ 상품에 대한 정보를 얻을 수 있다.

④ 허위·과장 광고를 접할 수 있다.

⑤ 제품이 고장 났을 때 쉽게 점검이나 수리를 받을 수 있다.

6 기업 간의 지나친 경쟁이나 불공정한 거래로 피해 본 사례가 <u>아닌</u> 것을 고르세요.

적용

① 나연: ㄷ 기업의 샤프를 싸게 팔기에 하나 샀는데, 지독한 냄새가 나고 끈적거렸어.

② 오혁: 여러 아이스크림 값이 동시에 다 올라서 자주 사 먹지 못하겠어.

③ 준희: 여러 회사 중에 가장 서비스가 좋은 회사의 컴퓨터를 샀어.

④ 서윤: 일등이 되는 문제집이라고 광고해서 샀는데, 문제를 다 풀어도 성적이 오르지 않았어.

⑤ 태정: 바나나가 들어 간 우유라고 해서 샀는데 실제로는 바나나를 넣지 않았어.

7 다음 중 ㉠에 속하지 <u>않는</u> 단체는 무엇일까요?

배경
지식

① 한국소비자원   ② 금융위원회

③ 소비자시민모임   ④ 중소벤처기업진흥공단

⑤ 공정거래위원회

1단계　다음 낱말들의 뜻을 바르게 이으세요.

(1) 이윤　●　　　　　　　　　　　●　㉠ 거짓으로 꾸민 것.

(2) 허위　●　　　　　　　　　　　●　㉡ 공평하고 올바름.

(3) 공정　●　　　　　　　　　　　●　㉢ 장사를 하여 남은 돈.

2단계　위에서 배운 낱말을 빈칸에 넣어 문장을 완성하세요.

(1) 판사는 재판에서 [　　　　　　] 하게 판결해야 한다.

(2) 기업의 목적은 물건을 팔아 [　　　　　　] 을 남기는 것이다.

(3) 상품이나 서비스에 대해 사실이 아닌 내용을 알리는 활동을 [　　　　　　] 광고라고 한다.

3단계　다음 설명을 읽고 빈칸에 알맞은 낱말을 쓰세요.

> **담합**: 남이 모르게 미리 의논하여 정하는 일.
>
> **단합**: 한마음 한뜻으로 여러 사람이 한데 뭉침.

(1) 기업들은 과자 가격을 올리기로 [　][　] 했다.

(2) 우리나라는 온 국민이 [　][　] 하여 위기를 이겨냈다.

뉴스를 보면 세계 곳곳에서 여러 **기상 이변**이 발생하는 것을 알 수 있습니다. 집 밖에 나가기도 힘들 만큼 **폭설**이 쏟아지기도 하고, 오랫동안 비가 내리지 않아 농작물이 말라 죽거나 산불이 나기도 합니다. 옛날에도 이런 일은 있었지만 현재처럼 **빈번하거나** 심각하지는 않았습니다. 이런 현상이 일어나는 데에는 여러 원인이 있지만, 대표로 꼽히는 것이 '엘니뇨'와 '라니냐'입니다.

남미 페루 근처의 동태평양에는 보통 남쪽의 차가운 바닷물이 밀려와 서태평양보다 수온이 낮습니다. 그런데 따뜻한 바닷물이 흘러와 동태평양의 **해수** 온도가 비정상적으로 높아질 때가 있습니다. 이렇게 바닷물 온도가 평소보다 0.5℃ 이상 올라간 상태가 5개월 넘도록 **지속되는** 현상을 '엘니뇨'라고 합니다. 엘니뇨는 스페인어로 '남자아이', '아기 예수'라는 뜻입니다. 엘니뇨가 보통 크리스마스 전후에 생기기 때문에 이렇게 부르게 되었습니다.

엘니뇨는 날씨에도 영향을 끼칩니다. 원래대로라면 차가운 바닷물 때문에 차가워진 동태평양의 공기가 서태평양으로 흘러가야 합니다. 하지만 따뜻한 바닷물에 의해 데워진 공기는 위로 올라가면서 비구름을 만듭니다. 그로 인해 페루와 그 주변에 큰비가 내려 홍수가 발생합니다. 반대로, 서태평양으로 부는 바람이 약해지면서 호주, 인도네시아, 필리핀 등에는 가뭄이 듭니다.

스페인어로 여자아이를 '라니냐'라고 합니다. 뜻이 반대이듯, 라니냐는 엘니뇨와 바다 수온이 반대로 나타납니다. 즉 페루 주변의 동태평양 수온이 평소보다 0.5℃ 이상 낮아진 상태가 5개월 넘게 지속됩니다. 또 그 영향으로 서태평양의 수온이 오릅니다.

이에 따라 날씨도 엘니뇨와 반대로 나타납니다. 서쪽으로 부는 바람이 강해져 태평양 위에서 수증기를 품은 공기가 서태평양으로 많이 이동합니다. 그러면 서태평양 주변의 호주 북부, 인도네시아, 필리핀 등에 비가 많이 내려 홍수가 발생하고, 페루 주변의 남아메리카 국가에는 가뭄이 듭니다.

엘니뇨와 라니냐는 홍수와 가뭄을 일으켜 주변 국가의 농사에 큰 영향을 끼칩니다. 또 **플랑크톤** 양에도 변화를 주어, **어획량**이 줄어들게 합니다. 비가 내리지 않는 지역에는 큰 산불이 생겨 사람들의 집과 자연을 불태우기도 합니다. 동태평양, 서태평양과 멀리 떨어진 곳에 가뭄, 홍수, 폭설, **한파**, **폭염**, 태풍 등이 나타나게도 합니다. 엘니뇨나 라니냐가 발생하면 우리나라에도 태풍이 적게 오거나 장마가 길어지는 등의 기상 이상 현상이 일어납니다.

기상 이변 보통 지난 30년간의 기상과 아주 다른 기상 현상. 氣 기후 기 象 현상 상 異 다를 이 變 변할 변 **폭설** 갑자기 많이 내리는 눈. 暴 세찰 폭 雪 눈 설　**빈번하거나** 일어나는 횟수가 매우 잦거나. 頻 자주 빈 繁 잦을 번　**해수** 바닷물. 海 바다 해 水 물 수　**지속** 어떤 상태를 오래 계속함. 持 유지할 지 續 계속할 속 **플랑크톤** 물속에서 물결에 따라 떠다니는 작은 생물을 통틀어 이르는 말. plankton　**어획량** 수산물을 잡거나 채취한 양. 漁 고기 잡을 어 獲 잡을 획 量 양 량　**한파** 겨울철에 기온이 갑자기 내려가는 현상. 寒 추울 한 波 흐름 파　**폭염** 매우 심한 더위. 暴 세찰 폭 炎 더위 염

1

제목

이 글의 제목으로 가장 알맞은 것을 고르세요.

① 태평양 주변의 기상 이변

② 동태평양과 서태평양

③ 아기 예수와 크리스마스

④ 엘니뇨와 라니냐

⑤ 우리나라의 태풍과 장마

2

내용
파악

이 글의 내용을 문단별로 나누어 정리했습니다. 빈칸에 알맞은 낱말을 쓰세요.

세계 기상 이변의 대표 원인은 (1) [　　] 와 (2) [　　] 다.

엘니뇨의 뜻　　　　　　라니냐의 뜻

엘니뇨로 인한 (3) [　　] 변화　　라니냐로 인한 (3) [　　] 변화

엘니뇨와 라니냐로 인한 (4) [　　]

3 다음 글의 (1)과 (2)에 공통으로 들어갈 숫자를 쓰세요.

내용
파악

엘니뇨 – 동태평양의 해수 온도가 (1) (   )℃ 이상 올라 (2) (   )개월이 넘도록 지속되는 현상.

라니냐 – 동태평양의 해수 온도가 (1) (   )℃ 이상 낮아져 (2) (   )개월이 넘도록 지속되는 현상.

4 다음 중 이 글의 내용과 <u>다른</u> 것을 찾으세요.

내용
파악

① 엘니뇨와 라니냐는 여러 기상 이변을 발생시킨다.

② 평상시에는 동태평양의 수온이 서태평양 수온보다 낮다.

③ 엘니뇨는 '남자아이', 라니냐는 '여자아이'라는 뜻이다.

④ 엘니뇨가 발생하면 페루와 그 주변에 큰비가 내린다.

⑤ 라니냐는 남아프리카에 가뭄이 들게 한다.

5 다음 글의 빈칸에는 곤충 이름이 들어갑니다. 다음 글이 설명하는 이론은 무엇인가요?

배경
지식

어느 한 곳에서 일어난 작은 [   ] 의 날갯짓이 뉴욕에 태풍을 일으킬 수 있다

는 이론.

따라서 동태평양에서 발생하는 엘니뇨나 라니냐도 전 세계 기후에 큰 영향을 끼칠 수 있다.

① 벌 효과   ② 나비 효과   ③ 파리 효과

④ 메뚜기 효과   ⑤ 잠자리 효과

6 다음 그림을 보고, 엘니뇨나 라니냐가 발생한 그림을 찾아 '엘니뇨', '라니냐'라고 쓰세요.

적용

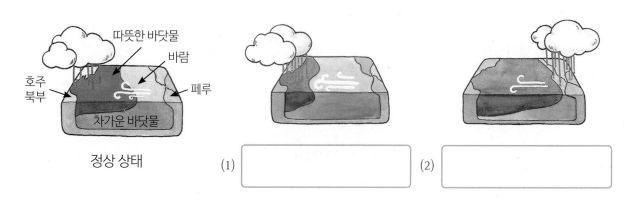

정상 상태   (1) [   ]   (2) [   ]

1단계   다음 낱말의 뜻을 찾아 선으로 이으세요.

(1) 지속   ●   ● ㉠ 겨울철에 기온이 갑자기 내려가는 현상.

(2) 이변   ●   ● ㉡ 예상하지 못한 사태나 재앙.

(3) 한파   ●   ● ㉢ 어떤 상태를 오래 계속함.

2단계   위에서 배운 낱말을 빈칸에 넣어 문장을 완성하세요.

(1) 지구 온난화 때문에 세계 곳곳에서 기상 [   ] 이 일어나고 있다.

(2) [   ] 가 몰아쳐 강물이 꽁꽁 얼었다.

(3) 어린이 보호 구역에서의 교통사고가 [   ] 되어서는 안 된다.

3단계   다음 뜻에 알맞은 낱말을 빈칸에 넣어 십자말풀이를 하세요.

(1) 갑자기 많이 내리는 눈.

(2) 매우 심한 더위.

(3) 창자에 생기는 염증.

(4) 여름철에 여러 날 계속해서 비가 내리는 현상.

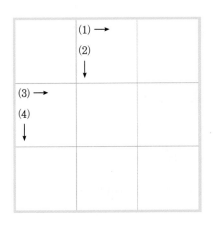

아인슈타인은 1879년에 독일의 **유대인** 가정에서 태어났습니다. 어린 시절에는 수학과 과학 외에는 흥미를 느끼지 못해 학교를 그만두고 혼자 공부했습니다. 그러다 스위스로 건너가 고등학교와 공과 대학을 다녔습니다.

아인슈타인은 대학을 졸업한 뒤 직장을 얻지 못해 어려운 시간을 보냈습니다. 그러다 **특허청**에 취직하여 일하면서 틈틈이 **물리학** 연구를 이어나갔습니다.

1905년에는 그동안의 연구 결과를 정리한 **논문**들을 독일의 유명 **학술지**에 발표했습니다. 당시에 특수 상대성 이론을 포함하여, 아인슈타인이 발표한 논문들은 과학계에 큰 영향을 끼쳤습니다. 그래서 사람들은 그해를 '기적의 해'라고 부릅니다.

그 후로 아인슈타인은 더욱 유명해져 대학교에서 교수로 일하며 열심히 연구했습니다. 그런데 그 연구는 실제로 실험한 것이 아니라 오로지 생각만으로 결과를 예측한 것이었습니다. 이와 같은 실험을 '사고 실험'이라고 합니다. 그래서 아인슈타인의 실험실에는 작은 책상과 의자, 책장, 칠판이 전부였습니다.

1916년에 아인슈타인은 자신의 특수 상대성 이론을 보완하여 일반 상대성 이론을 발표했습니다. 1921년에는 그동안의 연구 업적을 인정받아 노벨 물리학상을 받았습니다.

제1차 세계 대전이 끝난 뒤, 독일은 전쟁에서 진 것은 유대인 때문이라고 생각했습니다. 그래서 유대인을 차별하였습니다. 독일의 과학 연구소에서 일하던 아인슈타인은 유대인 **박해**에 위험을 느껴 미국으로 건너갔습니다.

1939년, 독일은 일본, 이탈리아와 동맹을 맺고 **제2차 세계 대전**을 일으켰습니다. ㉠ 아인슈타인은 독일이 원자 폭탄을 연구한다는 소식을 들었습니다. 그래서 미국이 먼저 **원자 폭탄**을 만들어야 한다고 당시 미국 대통령이었던 루스벨트에게 편지를 썼습니다.

미국은 1942년에 맨해튼 계획을 세워 원자 폭탄을 개발하였습니다. 1945년에 미국은 마침내 원자 폭탄을 만드는 데에 성공했습니다. 그래서 세계 대전을 끝내기 위해 일본에 원자 폭탄을 떨어뜨렸습니다. 하지만 그로 인해 수많은 사람이 죽고 다치는 **비극**이 벌어졌습니다.

아인슈타인은 원자 폭탄을 개발하도록 요청한 행동을 크게 후회했습니다. 그래서 그 뒤로는 전쟁과 **핵무기**를 반대하는 운동을 펼쳤습니다.

1955년에 아인슈타인은 마지막까지 연구를 하다가 세상을 떠났습니다.

유대인 고대에 팔레스타인 지역에서 살다가 로마 제국의 침입으로 인해 세계 각지로 흩어졌으나, 1948년에 다시 팔레스타인에 모여 이스라엘을 세운 민족. 제2차 세계 대전 당시 독일의 히틀러에 의해 600만 명 이상 학살되었다. Judea 人 사람 인 **특허청** 특허, 상표 등에 관한 심사와 사무를 맡아 보는 기관. 特 특별할 특 許 허락할 허 廳 관청 청 **물리학** 물질의 물리적 성질과 그것이 나타내는 현상, 관계, 법칙 등을 연구하는 학문. 物 만물 물 理 이치 리 學 학문 학 **논문** 어떤 주제에 관해 연구한 결과를 논리적으로 적은 글. 論 논할 논 文 글 문 **학술지** 학술, 예술 분야에 관한 전문적인 글을 싣는 잡지. 學 학문 학 術 학술 술 誌 기록할 지 **제1차 세계 대전** 독일·오스트리아·이탈리아 삼국 동맹과 영국·프랑스·러시아의 삼국 협상이 맞서면서 1914년부터 1918년까지 벌어진 세계적인 전쟁. 世 세상 세 界 경계 계 大 클 대 戰 전쟁 전 **박해** 힘이나 권력으로 약한 사람을 괴롭히거나 해를 입힘. 迫 핍박할 박 害 해칠 해 **제2차 세계 대전** 독일·이탈리아·일본 및 이 나라들을 지지하는 여러 나라와 미국·영국·프랑스·소련·중국 등의 연합국 사이에 벌어진 세계적인 전쟁. 1939년에 시작하여 1945년에 일본이 항복하면서 끝났다. **원자 폭탄** 원자핵이 갈라질 때 생기는 엄청난 에너지를 이용한 폭탄. 原 근본 원 子 아들 자 爆 터질 폭 彈 탄알 탄 **비극** 인생에서 일어나는 매우 불행한 일. 悲 슬플 비 劇 연극 극 **핵무기** 핵반응이 일어나면서 생기는 엄청난 힘을 이용한 무기. 核 씨 핵 武 무기 무 器 도구 기

1

내용 파악

이 글 속 아인슈타인에 대한 설명으로 <u>틀린</u> 것을 고르세요.

① 독일의 유대인 가정에서 태어났다.

② 어린 시절에 수학, 과학 외에는 좋아하지 않았다.

③ 노벨 물리학상을 받았다.

④ 제2차 세계 대전 이후 핵무기 반대 운동을 펼쳤다.

⑤ 직접 원자 폭탄을 만들었다.

2

내용 파악

아인슈타인이 여러 논문을 발표한 '기적의 해'는 몇 년인가요?

년

3

내용 파악

세계 대전을 끝내기 위해 미국이 일본에 떨어뜨린 것은 무엇인가요?

4

내용
파악

다음 중 이 글의 내용과 <u>다른</u> 것을 고르세요.

① 독일은 유대인을 차별하였다.

② 아인슈타인은 1905년에 자신의 논문을 독일의 유명 학술지에 발표했다.

③ 아인슈타인은 일반 상대성 이론을 발표한 뒤 특수 상대성 이론을 발표했다.

④ 독일은 제1차 세계 대전에서 졌다.

⑤ 맨해튼 계획은 미국이 원자 폭탄을 개발하는 계획이었다.

5

내용
파악

아인슈타인의 실험 방법으로, 상상력을 이용해 머릿속으로 실험을 진행하여 결과를 예측하는 실험을 무엇이라고 하나요?

```
┌─────────────────────────┐
│                         │
│                         │
└─────────────────────────┘
```

6

추론

아인슈타인은 왜 ㉠과 같은 편지를 썼을까요? 가장 적절한 것을 고르세요.

① 일본을 싫어해서.

② 자신이 큰돈을 벌고 싶어서.

③ 미국이 큰돈을 벌게 하려고.

④ 자신의 이론을 증명하고 싶어서.

⑤ 전쟁을 일으킨 독일이 원자 폭탄을 먼저 만들면 온 세계가 그 피해를 받을 것 같아서.

7

배경
지식

다음 설명을 읽고 괄호 안에 공통으로 들어갈 내용을 고르세요.

아인슈타인은 1905년에 발표한 '(   )'에 관한 연구와 이론으로 노벨 물리학상을 받았다. (   )란 금속에 빛을 쪼이면 금속 표면에서 전자가 튀어나와 전류가 흐르는 현상이다. 아인슈타인은 이 현상을 통해 빛이 입자(물질을 구성하는 미세한 물체)로 이루어져 있음을 증명했다. 이것은 오늘날 태양광 발전, 적외선 센서, 적외선 카메라 등의 기본 원리가 되었다.

① 광전 효과   ② 브라운 운동   ③ 만유인력의 법칙

④ 특수 상대성 이론   ⑤ 질량 보존의 법칙

어휘력 기르기

1단계 다음 낱말의 뜻을 찾아 줄로 이으세요.

(1) 논문　●

(2) 박해　●

(3) 비극　●

● ㉠ 인생에서 일어나는 매우 불행한 일.

● ㉡ 어떤 주제에 관해 연구한 결과를 논리적으로 적은 글.

● ㉢ 힘이나 권력으로 약한 사람을 괴롭히거나 해를 입힘.

2단계 위에서 배운 낱말을 빈칸에 넣어 문장을 완성하세요.

(1) 다시는 한국 전쟁 같은 [　　　　　] 이 발생해서는 안 된다.

(2) 어머니는 틈틈이 공부하셔서 올해에는 [　　　　　] 을 완성하셨다.

(3) 〈안네의 일기〉에는 유대인들이 당한 [　　　　　] 가 잘 담겨 있다.

3단계 설명을 읽고, 빈칸에 알맞은 낱말을 넣어 문장을 완성하세요.

> **발견**: 아직 알려지지 않았거나 미처 찾지 못한 사물·현상·사실 등을 알아냄.
>
> **발명**: 아직까지 없던 기술이나 물건을 만들어 냄.

(1) 콜럼버스는 아메리카 대륙을 [　　　　　] 했다.

(2) 세종 대왕과 집현전 학자들은 훈민정음을 [　　　　　] 했다.

앞부분의 내용: 전쟁이 났을 때, **자기장이**인 아버지께서 일본으로 끌려가신 뒤, 얼마 지나지 않아 어머니마저 돌아가셨습니다. 그 후, 맏이인 형은 다섯 남매의 부모 역할을 하며 생계를 책임졌습니다. 여동생 셋을 시집 보내는 동안 형은 이름 난 자기장이가 되었습니다. 아우도 형 밑에서 일을 도왔습니다. 그런데 형은 **내로라하는** 자기장이가 되었으면서 아우에게는 **허드렛일**만 시켰습니다. 아우는 그것이 무척 섭섭하였습니다. 그래서 고향을 떠나 장사를 할 생각까지 하기에 이르렀습니다.

벌떡 일어나 앉은 아우가 **자리끼**를 벌컥벌컥 들이켰습니다. 그 좋은 기술을 가지고도 돈벌이도 제대로 못 하는 형입니다. 그런 형 밑에 있어 봤자 백 날 천 날 마찬가지일 것입니다.

트집을 잡자면 **꼬장꼬장**한 성격도 마음에 들지 않습니다. 기껏 **재벌구이**까지 끝내고 나면, **가마**가 식기를 기다려 끄집어낸 그릇들을 요모조모 뜯어보다가 쨍그랑쨍그랑 깨뜨려 버리기 때문입니다.

애쓰고 만든 그릇을 왜 깨뜨리냐고 하면 형의 대답은 언제나 똑같았습니다.

"마음이 담기지 않았어."

'그릇에 마음이 담겨? 아유, 말이 되는 소리를 해야지.'

아우는 **고지식하고 융통성** 없는 형 밑에서 이제 더 이상 **허송세월**을 하지 않을 작정입니다.

'오늘 밤엔 꼭 담판을 지어야지. 기술을 가르쳐 주든가, 그동안 일한 품삯 대신 장사 밑천을 대 주든가 하라고……'

아우는 큰맘 먹고 가마 앞으로 갔습니다.

형은 여전히 불꽃을 바라보고 앉아 있었습니다. 형의 뒷모습은 바윗덩이나 다름없습니다.

아우는 바윗덩이 앞에서는 말도 못 붙여 보고 그만 힘없이 돌아섰습니다.

애꿎은 돌멩이만 **팔매질**을 쳤을 뿐, 가슴속의 **응어리**는 풀어 보지도 못했습니다.

늘 그래 왔습니다. 형 앞에서는 자기도 모르게 **주눅**이 들고 말 한마디 제대로 할 수 없어, 　　㉠　　 처럼 기를 펴지 못했습니다.

자기가 형의 눈치를 보게 된 것도 순전히 형의 탓이었습니다. 엄하게 대할 뿐 틈을 주지 않으니 형님 아우 사이에 농담 한 번 주고받은 일도 없습니다. 사사건건 트집 잡고 나무라니 형님이 아니라 호랑이였습니다.

'나도 이제 가족을 꾸릴 나이가 되었다고요. 언제까지 **떠꺼머리** 취급할 거야. 걸핏하면 이놈 저 놈, 이래라저래라. 흥!'

흘끗 형의 얼굴을 돌아보던 아우가 희미하게 미소를 지었습니다.

ⓛ 그길로 아우는 가마 옆의 공기구멍을 열어 버렸습니다.

이제 형이 그토록 공들여 만든 그릇들은 모두 물집 잡히고 갈라지고 트고…… 형편없어지겠지요.

'어차피 형의 마음에 들지 않을 텐데……. 형이 깨뜨리나 내가 망가뜨리나 마찬가지지, 뭐.'

일그러진 형의 얼굴을 떠올리자 속이 시원하였습니다. 아우는 흥얼흥얼 움막으로 돌아왔습니다.

'이야기가 40회로 이어집니다.'

자기장이 도자기를 만드는 사람. 瓷 오지그릇 자 器 그릇 기   **내로라하는** 어떤 분야를 대표할 만한.   **허드렛일** 중요하지 않고 허름한 일.   **자리끼** 밤에 자다가 깨었을 때에 마시려고 머리 주변에 떠 놓는 물.   **트집** 별것 아닌 것을 들추어내어 문제 삼거나 헐뜯는 것.   **꼬장꼬장한** 성미가 곧고 결백하여 남의 말을 좀처럼 듣지 않는.   **재벌구이** 한번 구워 낸 도자기를 다시 굽는 일.   **가마** 그릇이나 기와 등을 굽는 큰 아궁이.   **고지식하고** 성질이 한 방향으로만 곧아 융통성이 없고.   **융통성** 때와 형편에 따라 일을 알맞게 해 나가는 성질. 融 녹을 융 通 통할 통 性 성질 성   **허송세월** 하는 일 없이 세월만 헛되이 보냄. 虛 헛될 허 送 보낼 송 歲 세월 세 月 세월 월   **애꿎은** 어떤 일과 아무 관계가 없는.   **팔매질** 돌 같은 것을 멀리 던지는 짓.   **응어리** 가슴속에 쌓인 한이나 불만 따위의 감정.   **주눅** 기운을 제대로 펴지 못하고 움츠러드는 태도나 성질.   **떠꺼머리** 혼인할 나이가 지난 총각이나 처녀의 길게 땋아 늘인 머리. 또는 그런 사람.

1

인물

이 글에서 갈등을 겪고 있는 인물은 누구와 누구인가요?

_____   과   _____

2

내용
파악

'형'에 대한 설명으로 <u>잘못된</u> 것을 고르세요.

① 직업은 자기장이다.   ② 다섯 남매 가운데 맏이다.

③ 그릇 만드는 일에 온 정성을 쏟는다.   ④ 좋은 기술을 가졌으면서도 돈을 잘 못 번다.

⑤ 그릇을 더 잘 만들기 위해 동생에게 가마의 공기구멍을 열라고 시켰다.

3

내용
파악

아우는 형에 대해 어떤 마음을 품고 있나요?

① 존경한다.　　　　　　　　　　　② 섭섭해한다.

③ 불쌍해한다.　　　　　　　　　　④ 자랑스러워한다.

⑤ 고마워한다.

4

표현

㉠에 들어갈 알맞은 속담을 고르세요.

① 고양이 앞에 쥐: 무서운 사람 앞에서 꼼짝 못 한다는 말.

② 우물 안 개구리: 넓은 세상의 형편을 알지 못하는 사람.

③ 꿀 먹은 벙어리: 무슨 일에 대하여 아무 말이 없는 사람.

④ 형만 한 아우 없다: 모든 일에 있어 형이 동생보다 낫다는 말.

⑤ 마른하늘에 날벼락: 뜻하지 않은 상황에서 뜻밖에 당하는 재난.

5

추론

아우가 ㉡과 같이 행동한 까닭은 무엇인가요?

① 그릇을 빨리 구우려고.

② 형이 부탁한 일이라서.

③ 그릇에 멋진 문양이 만들어지게 하려고.

④ 그릇을 망가뜨려 형에게 골탕 먹이려고.

⑤ 그릇을 더 잘 만들어 형에게 인정받으려고.

6

내용
파악

이 글의 내용과 <u>다른</u> 것을 고르세요.

① 형은 아우를 엄하게 대했다.

② 형은 마음이 담기지 않은 그릇은 깨뜨려 버렸다.

③ 아우는 형이 정성껏 만든 도자기를 일부러 깨뜨렸다.

④ 아우는 형에게 도자기 빚는 기술을 배우고 싶어 한다.

⑤ 아우는 형 밑에서 일을 해 봤자 큰돈을 벌지 못할 것으로 생각했다.

1단계   다음 낱말의 뜻을 찾아 줄로 이으세요.

(1) 허드렛일 ●

(2) 자리끼 ●

(3) 허송세월 ●

● ㉠ 하는 일 없이 세월만 헛되이 보냄.

● ㉡ 중요하지 않고 허름한 일.

● ㉢ 밤에 자다가 깨었을 때에 마시려고 머리 주변에 떠 놓는 물.

2단계   위에서 배운 낱말을 빈칸에 넣어 문장을 완성하세요.

(1) 아무 일도 하지 않고 [   ] 을 하던 삼촌께서 작가가 되기로 결심하셨다.

(2) 할아버지께서 주무시다 갈증이 나셨는지 [   ] 를 찾으셨다.

(3) 형은 농사짓는 부모님을 돕기 위해 [   ] 도 마다하지 않았다.

3단계   밑줄 친 '가마'에 알맞은 그림을 찾아 기호를 쓰세요.

㉠    ㉡   ㉢

(1) 옛날에 양반집 여성들은 외출할 때에 <u>가마</u>를 타고 다녔다.   (   )

(2) 도공은 그릇이 구워질 때까지 <u>가마</u>를 떠나지 않았다.   (   )

    * **도공**: 도자기 등의 그릇을 만드는 사람.

(3) 머리에 <u>가마</u>가 두 개 있는 것을 쌍가마라고 한다.   (   )

가운데 부분의 내용: 다음 날, 아우가 산에서 나무를 하여 내려오니 가마 앞이 떠들썩하였습니다. 사람들은 형이 만든 그릇을 칭찬하고 있었습니다. 그릇에 아름다운 **식은태**가 생긴 까닭이었습니다. 그릇들은 좋은 값에 팔려 나갔습니다. 식은태의 비법을 안다고 생각한 아우는 형의 승낙을 받아 처음으로 그릇을 만들게 되었습니다.

　아우는 어깨춤을 추었습니다. 형의 ㉠손을 빌리지 않은 것이 스스로 대견하고 흐뭇했습니다. 형 또한 말없이 지켜볼 뿐 이래라저래라 간섭하지 않았습니다.

　한나절 동안 **초벌구이**를 하고 하루 동안 가마 속에서 몸을 식힌 도자기들을 끄집어냈습니다. **유약도** 두껍지 않게 고루 입혔습니다.

　아우는 여러 일들이 **성가시거나** 번거롭지 않았습니다. 오히려 그릇들을 만지면 만질수록 새록새록 기쁨이 샘솟았습니다.

　잘 만든 그릇들을 다시 가마에 공들여 차곡차곡 **쟁였습니다.** 아우는 가마 아궁이 앞에 이른 새벽의 맑은 샘물을 떠 놓고 빌었습니다.

　그런 다음 재벌구이를 하기 위하여 불을 지폈습니다. 붉다 못해 시퍼런 불꽃들이 넘실넘실 춤추듯 아궁이 속으로 들어갔습니다.

　하루 종일 가마 앞에서 땀으로 목욕을 하고, 살이 익어 화끈거려도 힘든 줄 몰랐습니다. 혼자 신바람이 나서 머릿속으로 기와집도 짓고 땅도 사고 밭도 사느라 입귀가 찢어졌습니다.

　아우는 가마 구멍으로 바람을 넣어 식은태 만드는 비법도 잊지 않았습니다. 세상 사람 그 누구도 모르는 비법을 혼자 알고 있다는 것에 가슴이 벅찼습니다. 소나무 장작이 숯이 되고 재가 되어 연기조차 **사위어** 든 아궁이 속으로 바람이 몰려 들어갔습니다.

　그때 가마 속의 그릇들이 자기 몸의 뜨거운 열꽃을 삭이느라 '챙 채르르르 칭칭-.' 소리 내어 노래했습니다. 세상의 어떤 소리보다 듣기 좋고 아름다운 소리에 아우의 눈시울이 젖어 들었습니다.

　가마 안의 뜨거운 기운이 사그라들기를 기다리는 동안 아우의 가슴이 타고 입술도 바싹바싹 말라 들어갔습니다.

기나긴 하루가 지나갔습니다. 아우는 가마 안에 차곡차곡 쌓아 놓은 그릇들을 **어루만졌습니다.** 마침내 그릇들을 **보듬고** 나올 수 있게 된 아우의 가슴이 방망이질을 하였습니다.

그러나 밝은 햇빛 아래로 옮겨진 그릇들은 아우가 그토록 기대하고 상상했던 그릇들이 아니었습니다. **곰보딱지**처럼 박박 **얽고**, 금이 가고, 트고……

기쁨을 안겨 줄 줄 알았던 그릇들이 오히려 아우의 가슴을 아프게 **후비고** 도려내어 쓰라리게 하였습니다.

아우는 그릇을 안고 뒹굴며 소리 내어 울었습니다. 형이 말없이 다가와 아우의 어깨를 감싸 안았습니다. 네 마음 내가 안다. 암, 알고말고 하듯 자꾸자꾸 어루만지고 다독거렸습니다.

"ⓛ <u>장이들은 기술보다 정신을 앞세워야 하는 게다. 그릇을 빚는 게 아니라 내 마음을 빚는다</u> 하고 정성을 모으면 언제고 뜻을 이루게 될 터이니……."

형은 동생이 안쓰러워 말을 잇지 못하였습니다. 비로소 아우는 형의 마음을 **헤아리게** 되었습니다. 형의 가슴에 얼굴을 묻은 아우는 더욱 **섧게** 울었습니다.

숲 그늘에서 뻐꾸기도 **덩달아** 울었습니다.

뻐꾹 뻐꾹 뻑뻐꾹 뻐꾹―.

– 김향이, 〈마음이 담긴 그릇〉

식은태 도자기가 식으면서 생기는 균열. **초벌구이** 잿물을 바르지 않고 낮은 온도의 열로 처음 굽는 일. **유약** 도자기의 몸에 덧씌워 광택이 나게 하는 약. 釉 광택 유 藥 약 약 🗨 잿물 **성가시거나** 자꾸 들볶거나 번거롭게 굴어 괴롭고 귀찮거나. **쟁였습니다** 물건을 포개어 쌓아 두었습니다. **사위어** 사그라져 재가 되어. **어루만졌습니다** 가볍게 쓰다듬어 만졌습니다. **보듬고** 가슴에 붙도록 안고. **곰보딱지** 얼굴에 우묵우묵한 자국이 많은 사람을 놀리며 이르는 말. **얽고** 물건의 겉에 우묵우묵한 흠이 많이 나고. **후비고** 물체의 표면을 날이 있는 도구로 구멍을 내거나 파이게 하고. **-장이** 낱말 뒤에 붙어 어떤 기술을 가진 사람을 뜻하는 말. **헤아리게** 짐작하여 가늠하거나 미루어 생각하게. **섧게** 원통하고 슬프게. **덩달아** 속내도 모르고 남이 하는 대로 따라서.

1

추론

이 글에 나타난 형의 성격을 고르세요.

① 질투가 많다.   ② 겁이 많다.

③ 욕심이 많다.   ④ 게으르다.

⑤ 마음씨가 따뜻하다.

2

㉠과 바꾸어 쓸 수 있는 낱말은 어느 것인가요?

① 마음   ② 도움   ③ 돈

④ 꾀   ⑤ 손가락

3

도자기를 잘 만들기 위한 아우의 간절한 마음이 드러나지 <u>않은</u> 문장을 고르세요.

① 잘 만든 그릇들을 다시 가마에 공들여 차곡차곡 쟁였습니다.

② 아우는 가마 아궁이 앞에 이른 새벽의 맑은 샘물을 떠 놓고 빌었습니다.

③ 재벌구이를 하기 위하여 불을 지폈습니다.

④ 가마 앞에서 땀으로 목욕을 하고, 살이 익어 화끈거려도 힘든 줄 몰랐습니다.

⑤ 아우는 여러 일들이 성가시거나 번거롭지 않았습니다.

4

아우가 생각한, 그릇에 식은태를 만드는 비법은 무엇인가요? 빈칸에 알맞은 낱말을 쓰세요.

가마 옆의 [   ] 을 열어 놓는 것.

5

도자기를 만들 때와 도자기를 만들고 난 뒤의 아우의 마음 변화로 알맞은 것을 고르세요.

① 설렘 → 지루함   ② 기쁨 → 행복   ③ 기쁨 → 슬픔

④ 실망 → 기대   ⑤ 지루함 → 슬픔

6

㉡이 뜻하는 내용은 무엇인가요?

① 그릇을 구울 때는 정신을 바짝 차려야 한다.

② 정신만 올곧으면 기술이 없어도 좋은 그릇을 만들 수 있다.

③ 좋은 그릇을 만들려는 마음이 있으면 기술은 저절로 익혀진다.

④ 기술이 아무리 좋아도 정성이 담기지 않으면 훌륭한 그릇을 만들 수 없다.

⑤ 기술이 부족하면 마음씨라도 착해야 한다.

어휘력 기르기

1단계

다음 낱말의 뜻을 찾아 줄로 이으세요.

(1) 쟁였습니다　　•

(2) 지폈습니다　　•

(3) 어루만졌습니다　•

•　㉠ 땔나무를 넣어 불을 붙였습니다.

•　㉡ 물건을 포개어 쌓아 두었습니다.

•　㉢ 가볍게 쓰다듬어 만졌습니다.

2단계

위에서 배운 낱말을 빈칸에 넣어 문장을 완성하세요.

(1) 형은 마른 장작을 넣어 아궁이에 불을 [　　　　　] .

(2) 희철이는 보지 않는 책들을 상자에 차곡차곡 [　　　　　] .

(3) 누나는 동생의 얼굴을 [　　　　　] .

3단계

뜻풀이를 읽고, 빈칸에 알맞은 낱말을 넣어 문장을 완성하세요.

(1) 선주는 편지를 받고서야 영주의 진심을 되었다.

* 짐작하여 가늠하거나 미루어 생각하게.

(2) 동생은 놀아 달라며 나를 쫓아다녔다.

* 자꾸 들볶거나 번거롭게 굴어 괴롭거나 귀찮게.

(3) 수지는 어머니의 가슴에 얼굴을 묻고 울었다.

* 원통하고 슬프게.

● 6단계 사진 및 광고 출처

쪽수	사진	출처
16	우리나라에는 책벌레가 없습니다	한국방송광고진흥공사
70	해비타트 운동	https://commons.wikimedia.org/wiki/File:%C2%A9Habitat_for_Humanity_Deutschland.jpg
87	장끼	https://commons.wikimedia.org/wiki/File:Phasianus_colchicus_karpowi_2.jpg
	까투리	https://commons.wikimedia.org/wiki/File:Phasianus_colchicus_karpowi_3.jpg
88	앙부일구	https://commons.wikimedia.org/wiki/File:Seoul-Gyeongbokgung-Sundial-02.jpg
90	측우기	https://commons.wikimedia.org/wiki/File:Jang_Yeong-sil_Science_Garden-Rain_Gauges_13-11789_Busan,_South_Korea_03.JPG
96	충주 고구려비	문화재청
113	판소리	https://commons.wikimedia.org/wiki/File:Korea-Busan_3404-06_Pansori.JPG
114	탈놀이	https://www.flickr.com/photos/koreanet/5019412125

독해력 비타민

기초편

40회로
완성하는
독해력

초등국어
6단계

정답과 해설

1회 우리나라의 발효 식품   8쪽

1. ③

2. ③

3. (1) 발효

  (2) 부패

4. ②

5. ④

6. ①

7. ⑤

어휘력 기르기

1단계 (1) ㉡, (2) ㉠, (3) ㉢

2단계 (1) 숙성, (2) 면역력, (3) 염도

3단계 (1) 아가미, (2) 미생물, (3) 수산물

2. 설명문을 쓰는 방법을 묻는 문제다.

  ③ 논설문 쓰는 방법

7. ① 치즈: 우유 속에 있는 카세인을 굳혀 발효시킨
식품.

  ② 버터: 우유의 지방을 굳혀 만든 식품.

2회 애니메이션   12쪽

1. ②

2. ③

3. 잔상

4. ①

5. ③

6. ④

7. ⑤

어휘력 기르기

1단계 (1) ㉡, (2) ㉢, (3) ㉠

2단계 (1) 입체감, (2) 잔상, (3) 착시

3단계 (1) ①, (2) ②

6. ④ 제시된 글은 컴퓨터로 가상 공간과 가상 캐릭터를
만드는, 삼차원 애니메이션을 설명하고 있다.

7. ① 포토그래퍼: 전문적으로 사진을 찍는 사람.

  ② 도슨트: 미술관, 박물관 등에서 일하며 일반 관람
객들에게 작품, 작가, 각 시대 미술의 흐름 따위를 설
명해 주는 사람.

  ③ 큐레이터: 박물관이나 미술관에서 자료 수집, 보
존, 관리, 전시, 조사, 연구, 홍보 등을 담당하는 사람.

  ④ 일러스트레이터: 삽화(책, 신문, 잡지 등에 넣는
그림) 그리는 일을 직업으로 하는 사람.

1. ④

2. ①

3. ②

4. ⑤

5. ②

6. ①

7. ④

어휘력 기르기

1단계 (1) ⓒ, (2) ㉠, (3) ⓛ

2단계 (1) 핑계, (2) 책벌레, (3) 월평균

3단계 (1) 데이터양, (2) 식사량, (3) 구름양

※ 본문의 광고 주변이 다소 얼룩져 보일 수 있습니다. 이는 광고 원본을 싣는 과정에서 생긴 것으로 불량이 아닙니다.

1. ① 기업 광고: 기업에 대한 좋은 인상을 심어 주기 위한 광고.

② 정치 광고: 정치 단체나 개인이 여러 가지 선거나 일상적 정치 활동을 위해 하는 광고.

③ 상품 광고: 상품이나 서비스를 소비자에게 팔려고 알리는 광고.

⑤ 구인 광고: 어떤 일을 하는 데에 필요한 사람을 찾기 위해 내는 광고.

어휘력 기르기

3단계 (1) 데이터: 컴퓨터가 처리할 수 있는 정보. data

(2) 식사: 밥으로 음식을 먹음. 또 그 음식. 食事

1. 8

2. ⑤

3. ②

4. ③

5. ②

6. ③

7. ②

어휘력 기르기

1단계 (1) ㉠, (2) ⓛ, (3) ⓒ

2단계 (1) 세숫대야, (2) 교향악, (3) 은혜

3단계 (1) ①, (2) ②

7. ② 비가 만들어 내는 소리를 '교향악'과 '왈츠'로 나타냈다. 또 지붕은 '큰북'으로, 세숫대야 바닥은 '작은북'으로 비유했다.

① 산문시의 특징.

③ 청각을 주로 사용하여 봄비가 만들어 내는 소리를 표현하였다.

5회　떨어져도 튀는 공처럼　24쪽

1. ④
2. ⑤
3. ⑤
4. ②
5. ④
6. ①
7. ⑤

어휘력 기르기

1단계 (1) ㄷ, (2) ㄴ, (3) ㄱ

2단계 (1) 탄력, (2) 최선, (3) 꼴

3단계 (1) 군사력, (2) 중력

5. ⑤ 좌절할 만큼 나쁜 일이 생겨도 포기하지 말고, 희망을 품고 다시 일어나자는 의지를 공에 빗대어 나타냈다.

6. ② 반어법: 나타내려는 뜻의 반대되는 말을 사용하여 의미를 강화하는 표현법.
③ 역설법: 앞뒤의 사실이 서로 어긋나 맞지 않게 나타내는 표현법.
④ 의인법: 사람이 아닌 것을 사람처럼 나타내는 표현법.
⑤ 도치법: 말의 차례를 바꾸어 쓰는 표현법.

2주차

6회　민요　28쪽

1. ③
2. ④
3. 토리
4. ④
5. (1) 세마치장단
　 (2) 굿거리장단
6. ⑤

어휘력 기르기

1단계 (1) ㄴ, (2) ㄷ, (3) ㄱ

2단계 (1) 토속, (2) 창법, (3) 민중

3단계 (1) 경쾌한, (2) 소박한, (3) 애잔한

2. ④ ㉠은 통속 민요와 토속 민요의 차이점을 설명한 부분이다.

6. ⑤ 제시된 민요는 〈강강술래〉다. 흥겹게 놀면서 부르는 유희요로, 주로 전라도 지역에서 발달하였다. 여러 사람이 둥글게 서서 손을 맞잡고 돌며 흥겹게 노래를 부른다.

1. ①

2. ③

3. ⑤

4. ②

5. 항공 우주 공학자

6. ②

어휘력 기르기

1단계 (1) ㉢, (2) ㉠, (3) ㉡

2단계 (1) 유대, (2) 조언, (3) 탐사

3단계 (1) ①, (2) ②

4. ① 핵가족: 부부와 미혼의 자녀만으로 구성된 가족.

③ 조손 가족: 손자나 손녀와 조부모로 구성된 가족.

④ 입양 가족: 입양한 자녀와 그 부모로 구성된 가족.

⑤ 확대 가족: 자녀가 결혼한 뒤에도 부모와 같이 사는 가족 형태.

1. ⑤

2. ③

3. ②

4. ①

5. ③

6. ③

어휘력 기르기

1단계 (1) ㉡, (2) ㉠, (3) ㉢

2단계 (1) 윤활유, (2) 호감, (3) 물꼬

3단계 (1) 폭소, (2) 냉소, (3) 실소

2. ③ 본문은 많이 웃으며 지내자는 주장을 담은 논설문이다. 논설문은 흔히 '서론 – 본론 – 결론' 세 부분으로 구성되어 있다. 본문도 마찬가지다. [가]가 서론, [나]~[마]가 본론, [바]가 결론이다. 본론에는 웃음의 긍정적 효과 네 가지가 나란히 소개되었다.

3. ① 수필, ③ 희곡, ④ 소설, ⑤ 설명문

5. ① 웃음 끝에 눈물: 처음에는 재미있게 지내다가도 나중에는 슬프고 괴로운 일이 생기는 것이 세상의 일이라는 말.

② 웃음 속에 칼이 있다: 겉으로는 좋은 체하지만 속으로는 해치려는 마음을 가지고 있음을 비유적으로 이르는 말.

④ 죽사발이 웃음이요 밥사발이 눈물이라: 먹을 것이 있어도 근심과 걱정 속에 지내는 것보다 가난하게 살더라도 걱정 없이 사는 편이 낫다는 말.

⑤ 거지는 논두렁 밑에 있어도 웃음이 있다: 물질적으로는 가난하더라도 마음의 평화는 얼마든지 있을 수 있다는 말.

6. ③ 제시된 글은 웃음이 학습에 어떤 영향을 미치는
지를 실험한 내용을 담고 있다. 웃음과 학습 능률
의 관계를 나타낸 문단은 [다]다.

1. ②

2. ④

3. ①

4. ⑤

5. ①

6. ②

7. ④

어휘력 기르기

1단계 (1) ㉢, (2) ㉡, (3) ㉠

2단계 (1) 알롱알롱, (2) 자, (3) 보슬보슬

3단계 (1) 해님, (2) 나무꾼, (3) 낚시질

3. ② 보슬보슬, 알롱알롱

　 ③ 해님이 웃는다

　 ⑤ '아씨처럼 나린다 / 보슬보슬 햇비'에서 알 수 있
다.

5. 말의 순서에 맞게 쓰면 다음과 같다.

　 ② 다 같이 맞아 주자

　 ③ 보슬보슬 햇비 아씨처럼 나린다

　 ④ 즐겁게 노래하자

7. ① 한용운(1879~1944): 승려, 시인, 독립운동가.
3·1 운동 때 민족 대표 33인 가운데 한 명이었다.
시집 《님의 침묵》을 남겼다.

　 ② 김소월(1902~1934): 시인. 대표 시로 〈진달래
꽃〉, 〈산유화〉 등이 있다. 시집으로는 《진달래꽃》,
《소월 시집》이 있다.

　 ③ 이상(1910~1937): 시인, 소설가. 시 〈오감도〉,
소설 〈날개〉 등이 유명하다.

⑤ 서정주(1915~2000): 시인. 대표작으로 〈국화
옆에서〉, 〈화사〉, 〈동천〉 등이 있다. 일제 강점기
에 친일 활동을 하여 친일 반민족행위자로 불리기
도 한다.

10회 송아지가 뚫어 준 울타리 구멍 44쪽

1. 송아지

2. 쌍둥이

3. ①

4. ③

5. ④

6. ⑤

어휘력 기르기

1단계 (1) ©, (2) ©, (3) ㉠

2단계 (1) 연방, (2) 들일, (3) 선뜻

3단계 (1) 불이나게 → 부리나케

      (2) 방그래 → 방그레

      (3) 쑥쓰럽다 → 쑥스럽다

      (4) 느닫없이 → 느닷없이

3. ① 서먹서먹한: 낯설거나 친하지 않아 어색한.

4. ③ ©과 ©의 다음 문장을 통해 짐작할 수 있다.

6. ⑤ 이 글의 주제는 '친구 간의 우애'다.

11회 인권이란 48쪽

1. 인권
2. ⑤
3. ③
4. ④
5. ②
6. ①

어휘력 **기르기**

1단계 (1) ㄴ, (2) ㄷ, (3) ㄱ

2단계 (1) 대항, (2) 선포, (3) 침해

3단계 (1) 자유권, (2) 참정권, (3) 사회권, (4) 평등권

5. ② 우리나라에서는 근로기준법에 따라 15세 미만 어린이는 근로자로 일을 할 수 없다. 다만 취직인 허증을 가지고 있거나, 예술 공연을 할 경우는 가능하다.

6. ② 테레사 수녀: '사랑의 선교회'를 창설하여 평생 가난하고 병든 사람들을 위해 봉사했다. 1979년에 노벨 평화상을 받았다.
③ 넬슨 만델라: 남아프리카공화국 최초의 흑인 대통령. 흑인의 인권을 위해 노력한 공로로 1993년에 노벨 평화상을 받았다.
④ 버락 오바마: 미국의 제44대 대통령. 미국 최초의 흑인 대통령. 핵무기 감축, 중동 평화 회담 재개 등으로 2009년에 노벨 평화상을 받았다.
⑤ 에이브러햄 링컨: 미국의 제16대 대통령. 1863년에 노예 해방을 선언하였다.

12회 척추동물과 무척추동물 52쪽

1. ③
2. ③
3. ④
4. ①
5. ⑤
6. ②
7. 피부

어휘력 **기르기**

1단계 (1) ㄱ, (2) ㄷ, (3) ㄴ

2단계 (1) 척추, (2) 양분, (3) 아가미

3단계 (1) 어류, (2) 파충류, (3) 양서류

4. ① 겉모습을 보면 개구리는 파충류와 닮았지만 물과 땅에서 지내는 양서류다.

1. (1) 재훈, 진주

    (2) 은빈, 태정

2. ②

3. ③

4. ②

5. ①

6. ⑤

어휘력 기르기

1단계 (1) ⓒ, (2) ⓛ, (3) ⓖ

2단계 (1) 멸종, (2) 교감, (3) 야생

3단계 (1) 반론, (2) 토론, (3) 추론

2. 1번 문제의 답에서 볼 수 있듯이, 재훈이와 진주는 동물원이 필요하다고 주장했다. 은빈이와 태정이는 반대했다.

   ㉠과 ㉣은 동물원이 필요하다는 주장에 대한 근거다. ㉢과 ㉤은 동물원이 필요하지 않다는 주장에 대한 근거다.

5. 제시된 글은 동물원을 관람하면 동물 관련 지식을 얻거나 교육에 도움이 된다는 내용을 담고 있다. 이는 재훈이의 의견과 같다.

6. ⑤ 토의에 대한 설명이다.

1. ③

2. ⑤

3. ②

4. ①

5. ③

6. ④

7. ①

어휘력 기르기

1단계 (1) ⓛ, (2) ⓒ, (3) ⓖ

2단계 (1) 입속말, (2) 휘파람, (3) 쌍동밤

3단계 (1) 재어

2. ⑤ '이웃집 아저씨'(보조 관념)로 비유한 것(원관념)은 '운동장'이다.

3. ① 의인법: 별들의 이야기, 입속말하던 시계들이 / 낭랑한 목소리로 말을 걸어온다, 거인 같은 운동장이 / 이웃집 아저씨처럼 / 너를 번쩍 안아 올려 / 네 마음의 무게를 재어 주실 테니까.

   ③ 1연과 2연의 '~것도 좋지만', 3연 1행과 2행의 '가끔씩은'

   ④ 짝째글 짝째글, 쿵쿵

   ⑤ 번쩍

4. ㉠에는 의인법이 쓰였다. '시계들'은 사람이 아니지만 사람처럼 '입속말'을 한다고 표현하였다.

   ① '거울'은 사람이 아니지만 사람처럼 웃는다고 표현하였다.

   ②, ⑤ 직유법 – 비슷한 성질이나 모양을 가진 두 사물을 직접 빗대어 표현하는 방법. '~처럼', '~같이' 등으로 표현한다.

③ 은유법 – 말하려는 대상을 다른 사물에 간접적으로 표현하는 방법. '~은 …이다' 등으로 표현한다.

④, ⑤ 의태법 – 사물의 모양이나 태도를 흉내 내어 표현하는 방법.

7. ① 4연에서, 혼자 있으면 별들의 이야기를 엿들을 수 있다고 했다. 별들과 이야기를 나누는 내용은 담겨 있지 않다.

1. ④

2. ②

3. ④

4. ①

5. ⑤

6. (1) 삼백 석

   (2) 곳간

   (3) 다리

어휘력 기르기

1단계 (1) ㉡, (2) ㉢, (3) ㉠

2단계 (1) 저승, (2) 성품, (3) 곳간

3단계 (1) ②, (2) ①

1. ④ 자신의 풍족함만을 알고 살던 원님이 베풀지 않아 어려움을 겪는 이야기다.

2. ① 원님은 젊은 나이에 죽어 억울하게 생각했다.

   ③ 원님은 자신의 곳간을 확인하는 것을 두려워했다.

   ④ 볏짚 한 단만 덩그러니 놓여 있는 곳간을 보며 원님은 부끄러움을 느꼈다.

   ⑤ 염라대왕이 원님을 이승으로 돌려보내라고 하자 원님은 감사함을 느꼈다.

4. ① 저승사자는 원님을 저승까지 데리고 왔지만 다시 이승으로 돌려보내게 되었다. 즉 저승사자는 헛고생한 꼴이 되었다.

16회 비정부 기구

1. ⑤

2. ②

3. 국경없는의사회, 국제 앰네스티

4. ③

5. 해비타트

6. ①

어휘력 기르기

1단계 (1) ©, (2) ⓛ, (3) ⑤

2단계 (1) 창설, (2) 시위, (3) 침해

3단계 (1) 구호

6. ① 나라가 회원국이 되어 만든 조직체는 비정부 기구가 아니다.

· 세계 보건 기구(WHO): 보건 상태의 향상을 위하여 국제적으로 협력을 촉진하기 위해 설립된 국제 연합의 전문 기구. 1948년에 설립되었으며, 본부는 스위스 제네바에 있다.

17회 갑신정변

1. ③

2. ④

3. ④

4. ②

5. ①

6. ⑤

7. 우정총국

어휘력 기르기

1단계 (1) ⑤, (2) ©, (3) ⓛ

2단계 (1) 정세, (2) 망명, (3) 조공

3단계 (1) 개화, (2) 개혁

1. ③ 갑신정변을 설명하기 위해, 그전에 있었던 강화도 조약과 임오군란 등을 앞서 소개하였다.

4. ② 급진 개화파는 청나라에 보내던 조공을 없애고, 조선의 자주독립을 선언하였다. 게다가 당시의 경쟁국이었던 일본에 도움을 요청하였다. 청나라의 입장에서는, 이 사건이 반란과 같이 느껴졌을 것이다.

6. 서양: 유럽과 남북아메리카의 여러 나라를 통틀어 이르는 말.

7. 제시된 글에 적힌 날짜는 모두 음력이다.

18회 전봉준

76쪽

> 1. 녹두
>
> 2. 동학
>
> 3. 1894 년 5 월 7 일
>
> 4. ④
>
> 5. ③
>
> 6. ④
>
> **어휘력 기르기**
>
> 1단계 (1) ㉠, (2) ㉢, (3) ㉡
>
> 2단계 (1) 선고, (2) 횡포, (3) 계기
>
> 3단계 (1) 외소하지만 → 왜소하지만
>
> (2) 부정부폐 → 부정부패
>
> (3) 걷어들였다 → 거둬들였다

4. ④ 전라도 지역의 동학교도와 농민들이 모여 난을 일으킨 것은 1차 동학 농민 운동이다. 2차 동학 농민 운동 때에는 전라도 지역뿐 아니라, 전국의 농민들과 동학교도가 모였다.

6. ④ 〈새야 새야〉의 '청포 장수'는 백성을 뜻한다. 즉 일본군이 녹두 장군 전봉준과 동학 농민군을 진압하면 백성들이 슬퍼한다는 내용이 〈새야 새야〉에 담겨 있다.

어휘력 기르기

3단계 (3) '여러 사람에게서 돈이나 물건 등을 받아서 들여오다.'의 뜻을 지닌 낱말은 '거두어들이다'다. 여기서 일부분이 줄어든 '거둬들이다'로도 쓰인다.

19회 돌담에 속삭이는 햇발

80쪽

> 1. ⑤
>
> 2. ③
>
> 3. (1) 샘물
>
> (2) 하늘
>
> (3) 물결
>
> (4) 하늘
>
> 4. ①
>
> 5. ②
>
> 6. (1) • ———— • ㉠
>
>   (2) • ———— • ㉡
>
> 7. ③
>
> **어휘력 기르기**
>
> 1단계 (1) ㉡, (2) ㉠, (3) ㉢
>
> 2단계 (1) 보드레한, (2) 살포시, (3) 돌담
>
> 3단계 (1) ③, (2) ②, (3) ①

1. ① 1연 3행의 '봄 길'을 통해 알 수 있다.

③ '돌담에 속삭이는 햇발', '풀 아래 웃음 짓는 샘물', '시의 가슴에 살포시 젖는 물결'에 의인법이 사용되었다.

④ 시를 읽을 때, 호흡이 규칙적으로 반복되어 형성되는 운율을 '음보율'이라고 한다. 이 시에서는 '돌담에 / 속삭이는 / 햇발같이 // 풀 아래 / 웃음 짓는 / 샘물같이 // 내 마음 / 고요히 / 고운 봄 길 위에 // 오늘 하루 / 하늘을 / 우러르고 싶다.' 와 같이 한 행을 세 번(3음보)에 나누어 읽을 수 있게 되어 있다.

2. ③ 이 시의 주제는 '아름다운 봄 하늘을 바라보고 싶은 마음'이다.

20회 장끼전 84쪽

1. 콩알

2. ⑤

3. ④

4. ②

5. ③

6. ①

7. ⑤

어휘력 기르기

1단계 (1) ⓛ, (2) ㉠, (3) ㉢

2단계 (1) 하염없이, (2) 가뜩이나, (3) 막무가내

3단계 (1) 장끼, (2) 까투리

※ 본문의 뒷부분 줄거리: 장끼가 덫에 걸려 죽자 까투리는 남편의 깃털들을 모아 장례식을 치른다. 까투리가 남편을 잃고 혼자가 되었다는 소식을 듣고 까마귀, 부엉이, 오리 등 새들이 위로하러 와서는 까투리에게 청혼한다. 그러나 까투리는 이를 모두 거절하고는, 3년 전 아내를 잃고 혼자 사는 장끼와 다시 결혼한다. 이들 부부는 아홉 아들과 열두 딸을 모두 혼인시킨 뒤 이름난 산과 큰 강을 놀러 다니며 오랫동안 행복하게 산다.

4. ② 눈앞이 캄캄하다: 어찌할 바를 몰라 아득하다.

5. ③ 먹을 것이 없어 다급한 상황이었지만 신중하게 주변을 살펴 장끼에게 콩알을 먹지 않는 것이 좋겠다고 조언했다.

7. ⑤ 본문의 '하늘이 나에게 내려 준 선물'은 '콩알'이다.

5주차

21회 앙부일구 88쪽

1. ②, ⑤

2. 13

3. ④

4. ③

5. ③

6. ②

7. ①

8. ⑤

어휘력 기르기

1단계 (1) ㉠, (2) ⓛ, (3) ㉢

2단계 (1) 홈, (2) 유실, (3) 하부

3단계 (1) ③, (2) ②, (3) ①

---

4. 조선 시대에는 하루를 12시간으로 나누어, 이를 12지신(땅을 지키는 열두 수호신)으로 나타내었다. 즉 자시(밤 11~1시), 축시(새벽 1~3시), 인시(새벽 3~5시), 묘시(새벽 5~7시), 진시(아침 7~9시), 사시(9~11시), 오시(11~낮 1시), 미시(낮 1~3시), 신시(3시~5시), 유시(5~7시), 술시(7~9시), 해시(밤 9~11시)다.

아직도 그 흔적이 남아 있다. 밤 12시를 '자정(자시의 한가운데)'으로, 낮 12시를 '정오(오시의 한가운데)'로, 정오의 앞 시간을 '오전'으로, 뒤 시간을 '오후'로 부르고 있다.

6. 동지: 북반구에서는 일 년 중 낮이 가장 짧고 밤이 가장 긴 날. 12월 22일이나 23일이다.

하지: 북반구에서는 낮이 가장 길고 밤이 가장 짧은 날. 6월 21일경이다.

---

7. ① 땅을 지키는 열두 수호신을 12지신이라고 한다. 12지신에 속하는 동물에는, 쥐, 소, 호랑이, 토끼, 용, 뱀, 말, 양, 원숭이, 닭, 개, 돼지가 있다.

8. ① 혼천의: 천체의 운행과 위치를 관측하던 장치.

   ② 간의: 혼천의를 작고 간단하게 만든 장치.

   ③ 첨성대: 신라 선덕 여왕 때 세운 천문 기상 관측대.

   ④ 자격루: 조선 세종 때, 장영실 등이 만든 물시계.

22회   헌법에 나타난 기본권   92쪽

1. ⑤
2. ③
3. ③
4. ④
5. ②
6. ⑤

어휘력 기르기

1단계 (1) ㉢, (2) ㉠, (3) ㉡

2단계 (1) 간섭, (2) 출판, (3) 청구

3단계 (1) ①

1. ⑤ 다음은 기본권에 속하지 않는다.

   자율권: 국가 기관이 일정한 범위 안에서 독자적으로 규칙을 제정할 수 있는 권한.

   경제권: 경제 행위를 직접 관리하고 운영하는 권리.

2. ① 사회권 중 환경권.

   ② 사회권 중 보건권.

   ④ 사회권 중 근로권.

   ⑤ 사회권 중 교육권.

어휘력 기르기

3단계 (1) ① 보상: 남에게 끼친 손해를 갚음.

        ② 비상: 뜻밖의 긴급한 사태.

        ③ 회상: 지난 일을 돌이켜 생각함.

        ④ 손상: 물체가 깨지거나 상함.

        ⑤ 예상: 어떤 일을 직접 당하기 전에 미리 생각해 둠.

1. ①

2. ⑤

3. ⑴ 충주 고구려비

   ⑵ 삼국 시대

   ⑶ 205

   ⑷ 1981

4. ③

5. 장수왕

6. ④

어휘력 기르기

1단계 ⑴ ㉠, ⑵ ㉢, ⑶ ㉡

2단계 ⑴ 마모, ⑵ 비문, ⑶ 추정

3단계 ⑴ ①, ⑵ ②, ⑶ ④, ⑷ ③

1. ① 본문은 충주 고구려비의 정보를 담은 소개문이다.

6. ④ 가야: 신라 유리왕 시절(서기 42년)에 낙동강 하류 지역에서 김수로왕의 형제들이 세운 여섯 나라를 통틀어 이르는 말. 562년에 대가야를 마지막으로 신라에 합쳐졌다.

1. ②

2. 까마귀, 백로

3. ③

4. ④

5. ③

6. ⑤

어휘력 기르기

1단계 ⑴ ㉡, ⑵ ㉠

2단계 ⑴ 청강, ⑵ 아마

3단계 ⑴ ②, ⑵ ③, ⑶ ①

1. ① 가사: 조선 초기에 나타난, 시가와 산문 중간 형태의 문학.

   ③ 향가: 향찰(한자의 음과 뜻을 빌려 적은 표기법)로 기록한 신라 때의 노래.

   ④ 판소리: 광대 한 사람이 고수의 북장단에 맞추어 부르는, 우리나라 고유의 노래.

   ⑤ 동시: 주로 어린이를 독자로 예상하고 어린이의 정서를 담은 시.

3. ⑤ [가]의 주제 – 나쁜 사람들과 어울리지 말자.
   [나]의 주제 – 겉과 속이 다르게 살지 말자.

4. ④ '겉 희고 속 검은 이는 너뿐인가 하노라'를 통해 짐작할 수 있다.

5. ① 비둘기, ② 까치, ④ 제비, ⑤ 백로

6. ⑤ [가]에는 명령하는 말투가 쓰였지만, 제시된 시조에는 쓰이지 않았다.

25회 사람은 무엇으로 사는가 104쪽

1. ①

2. ⑤

3. ④

4. ③

5. (1) 사랑

   (2) 자기의 운명을 아는 지혜

   (3) 사랑

6. ②

어휘력 기르기

1단계 (1) ㉡, (2) ㉢, (3) ㉠

2단계 (1) 수금, (2) 거역, (3) 외상

3단계 (1) 너머, (2) 넘어

6주차

26회 세균 108쪽

1. ④

2. ②

3. ①

4. (1) ○

   (2) ×

   (3) ×

   (4) ○

   (5) ○

5. ③

6. ⑤

7. 위 나선균

어휘력 기르기

1단계 (1) ㉡, (2) ㉢, (3) ㉠

2단계 (1) 서식, (2) 섭취, (3) 탈수

3단계 (1) ③

5. ③ 벌은 꽃에서 꿀을 얻는다. 꽃은 벌에 의해 수분(꽃가루가 암술머리에 옮겨 붙는 일)이 되어 번식한다.

①, ②, ④는 피식자(잡아먹히는 동물)와 포식자(잡아먹는 동물)의 관계다.

6. ⑤ 같은 음식을 함께 떠먹으면 헬리코박터 파일로리균에 감염될 수 있으므로 개인 접시에 덜어 먹는 것이 좋다.

27회 조선 후기의 서민 문화 112쪽

1. ①

2. ④

3. ⑤

4. 홍길동전

5. ④

6. ③

7. ②

어휘력 기르기

1단계 (1) ㉠, (2) ㉢, (3) ㉡

2단계 (1) 풍자, (2) 횡포, (3) 대변

3단계 (1) ②, (2) ①

2. 사진의 왼쪽에 서 있는 사람이 소리꾼, 오른쪽에 앉아 있는 사람이 고수다.

3. 판소리 열두 마당에 속하는 작품은 다음과 같다. 〈춘향가〉, 〈심청가〉, 〈흥부가〉, 〈적벽가〉, 〈수궁가〉, 〈변강쇠가〉, 〈배비장 타령〉, 〈강릉 매화 타령〉, 〈옹고집 타령〉, 〈장끼 타령〉, 〈무숙이 타령〉, 〈숙영낭자 타령〉.

7. ② 판소리는 소리꾼 한 명과 고수 한 명이 하는 음악극이다.

28회 생태계를 보호하자 116쪽

1. ⑤

2. ③, ④

3. ①

4. ⑤

5. ②

6. ③

7. ③

어휘력 기르기

1단계 (1) ㉡, (2) ㉢, (3) ㉠

2단계 (1) 주범, (2) 멸종, (3) 이면

3단계 (1) ②

4. ⑤ 급격한: 변화의 움직임 등이 급하고 격렬한.

7. ①, ④ 독수리와 사자는 주로 초식 동물이나 육식 동물을 잡아먹으므로 2차, 3차 소비자다.
② 거미는 주로 초식 곤충이나 육식 곤충을 잡아먹으므로 2차, 3차 소비자다.
⑤ 벼는 식물이므로 생산자다.

29회 남으로 창을 내겠소

1. ④

2. ③

3. ②

4. (1) ×

   (2) ○

   (3) ×

   (4) ○

5. ③

6. ⑤

7. ④

어휘력 기르기

1단계 (1) ㉡, (2) ㉠, (3) ㉢

2단계 (1) 호미, (2) 강냉이, (3) 창

3단계 (1) 자니 → 주무시니

    (2) 먹는다 → 자신다

1. ① 괭이, ② 호미, ③ 강냉이(옥수수), ④ 소

3. ② 이 시에서 '구름'은 현실의 헛된 이익이나 명예를 나타낸다. 말하는 이는 세속적인 유혹을 거부하고 소박하고 평화로운 자연 속에서 살려는 의지를 보이고 있다.

4. ①, ③ 앞에 나온 말을 부정하는 뜻으로 이르는 말. 주로 '-고 자시고' 꼴로 쓰인다.

30회 행복한 왕자

1. ③

2. (1) ㉠ 해설

   (2) ㉡ 지문

   (3) ㉢ 대사

3. ③

4. ⑤

5. ④

6. ①

어휘력 기르기

1단계 (1) ㉢, (2) ㉡, (3) ㉠

2단계 (1) 광장, (2) 용광로, (3) 산기슭

3단계 (1) 바람, (2) 동상

1. ④ 수필: 일정한 형식을 따르지 않고 인생이나 자연 또는 일상생활에서의 느낌이나 체험을 생각나는 대로 쓴 산문 형식의 글.
⑤ 평론: 사물의 가치, 우열, 선악 따위를 평가하여 쓴 글.

2. ㉠ 해설: 무대 장치, 등장인물, 배경 등을 설명하는 부분.
㉡ 지문: 인물의 행동, 표정, 말투 등을 나타내는 부분.
㉢ 대사: 배우가 하는 말.

31회 순환 기관

1. ②

2. ②

3. ⑤

4. ③

5. ①

6. ④

7. (1) 심장

   (2) 혈관

   (3) 산소

어휘력 기르기

1단계 (1) ㉠, (2) ㉢, (3) ㉡

2단계 (1) 기관, (2) 관여, (3) 순환

3단계 (1) ②, (2) ③, (3) ①

6. ④ 소화 기관 – 음식물을 소화하고 흡수하는 기관.

7. 본문의 첫 번째, 두 번째 문단을 참고한다.

32회 지구촌 갈등

1. ③

2. ①

3. ②, ⑤

4. ②

5. ④

6. ④

7. ⑤

어휘력 기르기

1단계 (1) ㉢, (2) ㉠, (3) ㉡

2단계 (1) 터전, (2) 타국, (3) 점유

3단계 (1) ②, (2) ①

5. ④ 우즈베키스탄은 중앙아시아 국가다.

6. ④ 메콩강 유역 갈등은 수자원 때문에 벌어졌다.

33회 지진 뉴스 136쪽

1. ②

2. ②

3. ⑤

4. ③

5. ①

6. ④

7. ③

어휘력 기르기

1단계 (1) ㉢, (2) ㉡, (3) ㉠

2단계 (1) 전역, (2) 요령, (3) 인접

3단계 (1) ④

2. ② 올해 국내에서 발생한 지진 중 가장 큰 규모다.

4. ③ 충북 보은과 가장 멀리 떨어진 지역을 찾는다.
가장 먼 곳부터 가장 가까운 곳까지의 순서: 제주
→ 서울 → 대구 → 전주 → 대전

5. ① 지진으로 인해 다치거나 피해를 당하면 소방서
(119) 등에 신고한다.

7. ③ 엘리베이터가 멈출 수 있으니 계단으로 탈출해
야 한다다.

어휘력 기르기

3단계 (1) ④ 귀퉁이: 사물의 한구석이나 부분.

34회 바다 건너 불어온 향기(1) 140쪽

1. ③

2. ④

3. ②

4. ①

5. ③

6. ⑤

어휘력 기르기

1단계 (1) ㉡, (2) ㉢, (3) ㉠

2단계 (1) 부쩍, (2) 주전부리, (3) 내키지

3단계 (1) 수군, (2) 멈칫, (3) 움찔

2. ④ '나'는 새엄마를 싫어한다. 그래서 아빠가 사 준
머리핀을 가지고 나왔다. '나'는 새엄마가 돌아가신
친엄마를 대신하는 것도, 아빠가 새엄마를 챙기는
것도 마음에 들어 하지 않는다.

3. ② '앞부분의 내용'을 참고한다.

4. ① 안 그래도 '나'는 새엄마를 싫어하고 있었는데,
아주머니들이 새엄마를 보며 수군거리는 모습을
보고는 더욱 새엄마에게 가고 싶지 않았을 것이다.

6. ① 대가족: 식구 수가 많은 가족. 또는 여러 대의
가족이 한집에 모여 사는 가족.
② 핵가족: 부부 한 쌍과 미혼의 자녀만으로 구성
된 가족.
③ 조손 가족: 조부모와 손주로 구성된 가족.
④ 확대 가족: 결혼한 자녀가 부모와 함께 사는 가
족.

35회 　바다 건너 불어온 향기(2)　144쪽

1. ③

2. ①

3. ④

4. ③

5. (1) 태권도

　(2) 비

　(3) 머리핀

어휘력 기르기

1단계 (1) ㉢, (2) ㉡, (3) ㉠

2단계 (1) 곤히, (2) 까치발, (3) 타박

3단계 (1) 째, (2) 채, (3) 채

---

1. ③ 본문의 '새엄마가 머리핀을 보고 조금 놀라는 눈치였다. 내가 가져갔다고는 꿈에도 생각하지 못한 모양이다.'를 통해 알 수 있다.

2. 이 글에서는 크게 두 가지 갈등이 나타난다.
　(1) '나'와 새엄마의 갈등 － 새엄마는 '나'를 돌보려 하지만 '나'는 아직 친엄마를 잊지 못했으며 새엄마를 싫어한다.
　(2) '나' 자신의 내적 갈등 － 친엄마를 잊지 못해 새엄마를 거부하지만 새엄마의 따스함을 느끼며 새엄마의 존재를 인정하느냐 마느냐를 두고 갈등한다.

3. ④ 새엄마의 간호를 통해 '나'는 새엄마의 따뜻한 손길, 맥박, 숨결을 느꼈다. 이를 통해 '나'는 눈이 녹아내리듯 마음에서 무언가 말끔해지는 느낌을 받았다.

5. 34회 내용과 함께 생각해 답을 적는다.

36회 　우리나라 경제 활동의 특징　148쪽

1. ①

2. ④

3. ②

4. ②

5. ③

6. ③

7. ④

어휘력 기르기

1단계 (1) ㉢, (2) ㉠, (3) ㉡

2단계 (1) 공정, (2) 이윤, (3) 허위

3단계 (1) 담합, (2) 단합

---

3. ② 기업은 제품의 가격을 일정한 범위 안에서 자유롭게 정할 수 있다. 하지만 가격 담합은 공정하지 않은 행위로, 담합을 한 기업은 법적 처벌을 받을 수 있다.

4. ① 개인 경제 활동의 자유.
　③, ④ 기업 경제 활동의 자유.

6. ① 제품의 품질이 떨어졌다.
　② 기업들이 제품의 가격을 담합했다.
　④ 과장 광고.
　⑤ 허위 광고.

7. ① 한국소비자원: 소비자의 권익과 관련한 제도·정책을 연구한다. 소비자의 불만을 처리하고 피해를 구제한다. 독점을 규제하고 공정 거래가 이루어지도록 일한다.

---

② 금융위원회: 금융 산업이 발전하고 금융 시장이 안정되도록 노력한다. 금융 거래가 공정하게 이루어지도록 힘쓴다.

③ 소비자시민모임: 국제적 시각과 전문성으로 소비자 운동을 해 나가려고 만든 비영리 소비자 단체. 소비자 주권을 확립하고, 삶의 질을 향상하기 위해 노력한다. 허위·과대 광고 등 불공정 거래 행위를 감시한다.

④ 중소벤처기업진흥공단: 중소벤처기업의 경쟁력을 강화하여 국민 경제의 주역이 되도록 노력한다.

⑤ 공정거래위원회: 기업 간의 공정하고 자유로운 경쟁을 보장하기 위해 경제 활동의 기본 질서를 확립하려고 노력한다.

37회 엘니뇨와 라니냐 152쪽

1. ④

2. (1) 엘니뇨
   (2) 라니냐
   (3) 날씨
   (4) 피해

3. (1) 0.5
   (2) 5

4. ⑤

5. ②

6. (1) 라니냐
   (2) 엘니뇨

어휘력 기르기

1단계 (1) ㉢, (2) ㉡, (3) ㉠

2단계 (1) 이변, (2) 한파, (3) 지속

3단계 (1) 폭설, (2) 폭염, (3) 장염, (4) 장마

4. ⑤ 이 글에는 담겨 있지 않지만, 라니냐가 발생하면 남아프리카에는 홍수가 잦아진다.

6. 엘니뇨는 본문의 세 번째 문단, 라니냐는 다섯 번째 문단을 참고한다.

1. ⑤

2. 1905

3. 원자 폭탄

4. ③

5. 사고 실험

6. ⑤

7. ①

어휘력 **기르기**

1단계 (1) ㉡, (2) ㉢, (3) ㉠

2단계 (1) 비극, (2) 논문, (3) 박해

3단계 (1) 발견, (2) 발명

7. ② 브라운 운동: 액체나 기체 안에 떠서 움직이는 입자나 물체의 불규칙한 운동. 영국의 식물학자 브라운이 발견했다.

③ 만유인력의 법칙: 모든 물체 사이에는 서로 끌어당기는 힘이 작용하고, 그 크기는 두 물체의 질량의 곱에 비례하며, 두 물체 사이 거리의 제곱에 반비례한다는 법칙. 뉴턴이 발견했다.

④ 특수 상대성 이론: 물리 법칙은 속도가 일정한 일직선상의 운동을 하는 모든 관측자에게 동일하고 진공 중의 빛의 속력도 모든 관측자에게 동일해야 한다는 이론. 아인슈타인이 처음 주장했다.

⑤ 질량 보존의 법칙: 화학 반응이 일어나기 전과 후에 물질의 모든 질량은 항상 일정하다는 원칙. 라부아지에가 확인했다.

1. 형, 아우

2. ⑤

3. ②

4. ①

5. ④

6. ③

어휘력 **기르기**

1단계 (1) ㉡, (2) ㉢, (3) ㉠

2단계 (1) 허송세월, (2) 자리끼, (3) 허드렛일

3단계 (1) ㉢, (2) ㉡, (3) ㉠

1. 아우는 허드렛일만 시키는 형에게 섭섭해하며 불만을 품고 있다.

3. ② 아우는 도자기 빚는 기술을 가르쳐 주지 않는 형에게 섭섭한 마음을 품고 있다.

5. ④ 본문의 '형이 그토록 공들여 만든 그릇들은 모두 물집 잡히고 갈라지고 트고…… 형편없어지겠지요.'에서 형에게 골탕을 먹이려고 한 것임을 짐작할 수 있다.

6. ③ 아우는 형에게 골탕 먹이려고 가마 옆의 공기구멍을 열었다. 만들어진 그릇을 일부러 깨뜨리지는 않았다.

어휘력 **기르기**

3. (1) ㉢ 가마: 옛날에 사람을 태우고 앞과 뒤에서 둘이나 넷이 들고 다니던 탈것.

(2) ㉡ 가마: 그릇이나 기와 등을 굽는 큰 아궁이.

(3) ㉠ 가마: 머리털이 한곳을 중심으로 빙 돌아 나서 소용돌이 모양으로 된 부분.

1. ⑤

2. ②

3. ③

4. 공기구멍

5. ③

6. ④

어휘력 **기르기**

1단계 (1) ㉡, (2) ㉠, (3) ㉢

2단계 (1) 지폈습니다, (2) 쟁였습니다,

(3) 어루만졌습니다

3단계 (1) 헤아리게, (2) 성가시게, (3) 섧게

1. ⑤ 아우를 위로하는 모습에서 형의 따뜻한 마음씨를 짐작할 수 있다.

3. ① '공들여 차곡차곡 쟁였습니다.', ② '이른 새벽의 맑은 샘물을 떠 놓고 빌었습니다.', ④ '땀으로 목욕을 하고, 살이 익어 화끈거려도 힘든 줄 몰랐습니다.', ⑤ '성가시거나 번거롭지 않았습니다.' 등은 아우의 간절한 마음이 담긴 부분이다.

4. ① 형을 골탕 먹이려고 가마 옆의 공기구멍을 열어 놓아 그릇에 아름다운 식은태가 생겼다고 아우는 생각했다.

5. ③ 아우는 그릇을 만들면서 어깨춤을 출 정도로 기쁨이 솟았다. 그러나 얽고 금이 가 있는 그릇을 보고는 형의 가슴에 얼굴을 묻고 슬피 울었다.

독해력 비타민 기초편